Helga Föger

Der Mond

Das Jahrbuch 2023

HEYNE

Inhalt

Im Jahrbuch verwendete Symbole

günstig

Harmonische/gereizte Stimmung

Geldangelegenheiten

Haare schneiden

Fußreflexzonenmassage

Fasttag einlegen

Großer Hausputz

Wäsche waschen

Pflanzen gießen

Pflanzen düngen

Pflanzen umtopfen

ungünstig

Die Mondphasen mit Zeitangaben für Neu-, Voll- und Halbmond

Neumond

zunehmender Mond

Vollmond

abnehmender Mond

Die Tierkreiszeichen mit Zeitangaben der Transite

Widder · Stier · Zwillinge · Krebs · Löwe · Jungfrau

Waage · Skorpion · Schütze · Steinbock · Wassermann · Fische

Impressum

Die Autorin

Die in Tirol aufgewachsene Helga Föger lebt zurückgezogen in der ländlichen Idylle des österreichischen Waldviertels. Seit vielen Jahren beschäftigt sie sich intensiv mit Mystik, Astrologie und alten, vergessenen Denkformen und Kulturen. Die so erworbenen Kenntnisse setzt sie in ihrem alltäglichen, im Einklang mit den Rhythmen der Natur geführten Leben auch praktisch um.

Originalausgabe 2022

Hinweis

Das vorliegende Taschenbuch ist sorgfältig erarbeitet worden. Dennoch erfolgen alle Angaben ohne Gewähr.
Weder die Autorin noch der Verlag können für eventuelle Nachteile oder Schäden, die aus den im Taschenbuch gegebenen praktischen Hinweisen resultieren, eine Haftung übernehmen.

Redaktion: Christian Wolf, Christoph Taschner
Umschlaggestaltung: Guter Punkt GmbH & Co. KG
Satz: by avak, Iphofen
Druck und Bindung: CPI books GmbH, Leck

Printed in Germany

FSC
www.fsc.org
MIX
Papier aus verantwortungsvollen Quellen
FSC® C083411

ISBN: 978-3-453-60628-9

Penguin Random House Verlagsgruppe FSC® N001967

Liebe Leserinnen und Leser!

In der vierten Märzwoche tritt Mars seine Regentschaft an. Waren wir unter dem Einfluss von Jupiter noch auf der Suche nach neuen Lebensinhalten, spüren wir nun zunehmend die nötige Energie in uns aufkeimen, um das umzusetzen, was uns mittlerweile bedeutend erscheint.

Wir streben also entschlossen und voller Tatkraft unsere Ziele an, scheuen dabei keinen Aufwand und sind zudem sehr belastbar. Dabei kommt nicht selten auch eine sehr große Fähigkeit zur Empathie ins Spiel: Muss jemandem geholfen werden, wird nicht erst ewig überlegt, ob man sich engagieren soll, sondern schnell mit angepackt.

Aber natürlich hat all diese Dynamik auch einige Kehrseiten zu bieten: Die Entschlossenheit kann leicht in Ungeduld, Hitzigkeit und sogar pure Streitlust umschlagen. Die Schnelligkeit resultiert oft aus reiner Impulsivität, wodurch eben nicht selten völlig am Ziel vorbeigeschossen wird. Und der Einsatz für andere muss manchmal schon genau ins eigene Konzept passen, sprich: Das Ausleben des eigenen Ichs (oft mit übergroßem Freiheitsdrang gepaart) darf dadurch nicht eingeschränkt sein.

Wenn wir es schaffen, selbstkritisch zu bleiben und unser Verhalten immer wieder zu hinterfragen, können wir diese neu gewonnene Kraft sinnvoll kanalisieren und werden nicht von Waghalsigkeit sowie Egoismus aus der Bahn getragen.

Die Fähigkeit dazu wünscht Ihnen
Ihre Helga Föger

Die vier Phasen des Mondes

Phasen und Qualitäten des Mondes

Insgesamt sind es sieben Grundimpulse, über die sich die Wirkung des Mondes auf das irdische Leben mitteilt:

- Die vier verschiedenen Mondphasen
- Der Stand des Mondes in den verschiedenen Tierkreiszeichen
- Der aufsteigende und absteigende Mond.

Der Neumond

Wenn die der Erde zugewandte Seite des Mondes fast völlig verdunkelt ist, spricht man vom Neumond. Der Erdbegleiter steht dann für zwei bis drei Tage ziemlich genau zwischen Erde und Sonne. Man nennt diese Konstellation auch Konjunktion. Dabei tritt der Fall ein, dass der Mond während dieser Phase in demselben Tierkreiszeichen steht wie die Sonne.
Bei Neumond wirken kräftige Impulse auf Mensch und Natur. Man kann sie als Kräfte der Neuorientierung, des Beginnens bezeichnen. Die konzentrierten Energien sind frisch und ursprünglich, regen dazu an, Vorhaben zu planen, die in der Folge wachsen und reifen sollen.

Natur In der Natur kündigen die Impulse des Neumondes Beginnendes an. Die Erde fängt an auszuatmen, die Säfte regen sich. Wer jetzt kranke Bäume oder Pflanzen zurückschneidet, kann erleben, wie sie sich zusehends erholen und regenerieren.

Körper Für den menschlichen und tierischen Organismus verstärken die Neumondimpulse die Fähigkeit zur Entgiftung und Entschlackung. Zu keiner anderen Zeit ist die Wirksamkeit einer Fastenpause so hoch. Günstig ist die Neumondphase auch, um damit zu beginnen, ungesunde Gewohnheiten aufzugeben, wie etwa das Rauchen oder übermäßigen Alkoholkonsum.

Auf chirurgische Eingriffe sollte man nach Möglichkeit während der kurzen Phase des Neumondes verzichten.

Der zunehmende Mond

Sobald nach dem Neumond die schmale, nach links geöffnete Mondsichel zu erkennen ist, beginnt die Phase des zunehmenden Mondes. Von den Astronomen wird sie in zwei Abschnitte eingeteilt – in das erste und zweite Viertel.
Während des ersten Viertels nähert sich der Mond der Erde, bis er ihr nach wenig mehr als sieben Tagen als Halbmond am nächsten ist.
Dann kreuzt er die Umlaufbahn der Erde um die Sonne und entfernt sich wieder von uns, um, immer weiter an Leuchtkraft zunehmend, nach etwa 14 Tagen das zweite Viertel zu vollenden und schließlich das Vollmondstadium zu erreichen.
In der Phase des zunehmenden Mondes steht alles im Zeichen der Aufnahme und des Wachsens. Die Energien werden aufgenommen und gespeichert.

Natur In der Natur dominiert das oberirdische Wachstum, die Säfte steigen nach oben. Jetzt ist die günstigste Zeit für die Aussaat und das Pflanzen von allem, was nach oben wächst und Früchte trägt, also für Blattgemüse, Obst und Blumen.

Körper Der Körper kann in der Zeit des zunehmenden Mondes alles, was ihm an Kräftigendem, Aufbauendem, Heilendem zugeführt wird, besonders gut aufnehmen, speichern und verwerten. Seine Selbstheilungskraft ist ebenfalls sehr groß. Diese Phase ist also gut geeignet, um sich zu kräftigen und zu erholen sowie für alle Kurmaßnahmen.
Gespeichert werden allerdings auch die Nährstoffe, daher sollte jeder, der auf sein Gewicht achten muss, in dieser Zeit etwas zurückhaltender mit dem Essen sein.

Bedenken sollte man auch, dass mit fortschreitender Zunahme des Mondes sich der Heilungsprozess von Verletzungen verzögert; deshalb ist es angebracht, auf chirurgische Eingriffe zu verzichten, wenn diese Möglichkeit besteht. Und das vor allem in der Nähe des Vollmonds!

Die vier Phasen des Mondes

Der Vollmond

Wenn der Mond die Hälfte seines Erdumlaufs zurückgelegt hat, steht er der Sonne direkt gegenüber, in Opposition zu ihr. Seine sichtbare Oberfläche ist voll beleuchtet, er steht für ein bis zwei Tage als kreisrunde, leuchtende Scheibe am nächtlichen Himmel.

Zu keiner anderen Zeit sind die Impulse des Mondes so deutlich zu spüren wie in der Vollmondphase. Es ist die Zeit starker Gefühle, positiver wie negativer. In den wenigen Stunden des Vollmonds werden nicht nur besonders hohe Geburtenzahlen, sondern leider auch immer wieder überdurchschnittlich viele Unfälle und Gewaltverbrechen registriert.

Natur In der Natur bewirken die kräftigen Impulse des Vollmonds, die den Richtungswechsel von Aufnahme zu Abgabe ankündigen, eine ganz besondere Stimmung.

Einerseits erreicht die Natur jetzt den absoluten Höhepunkt ihrer Aufnahmefähigkeit, weshalb der Zeitpunkt für eine Pflanzendüngung geradezu ideal ist. Andererseits kann es beispielsweise leicht geschehen, dass Gehölze absterben, wenn auch nur wenige Zweige abgebrochen oder vielleicht weggeschnitten werden. Für das Sammeln vieler Heilkräuter (vor allem von Wurzeln) ist jetzt die günstigste Zeit, da ihre Heilkraft nämlich besonders groß ist.

Körper Da der Körper nun gestärkt ist und zur Abgabe »umschaltet«, fällt auch in dieser Phase eine Fastenpause leicht und ist zudem sehr effektiv. Der Organismus reagiert auf die starken Vollmondenergien häufig mit Unruhe und Nervosität. Sensible Menschen haben sehr häufig Schlafstörungen, andere berichten von besonders eindrucksvollen Träumen und sogar Visionen während dieser Phase.

Weil Wunden stärker und länger bluten als zu anderen Zeiten, Verletzungen langsamer und schlechter heilen, ist es ratsam, bei Vollmond auf chirurgische Eingriffe zu verzichten, falls dies irgendwie möglich ist.

Der abnehmende Mond

Der Mond setzt seinen Erdumlauf fort und vollendet ihn. Er nähert sich jetzt wieder der Erde, wobei die Größe der von der Sonne beleuchteten Oberfläche von rechts nach links fortschreitend geringer wird. Wenn er etwa 22 Tage nach Neumond die Sonnenumlaufbahn der Erde erneut kreuzt, ist er nur mehr halb zu sehen. Nun beginnt das letzte Viertel, die nach rechts geöffnete Sichel wird von Tag zu Tag schmaler, bis die Neumondphase erreicht ist. Dann beginnt alles wieder von Neuem.
Die Impulse des abnehmenden Mondes sind auf Abgabe gerichtet – auf das Freisetzen von Kräften und Energien. Dieser balsamische oder aussäende Mond befreit von Zweifeln sowie Ängsten und bündelt die positiven Gefühle für den nun bald beginnenden neuen Zyklus.

Natur In der Natur fließen die Säfte abwärts, die Energien gehen zu den Wurzeln. Die Erde ist aufnahmebereit, das Wachstum unter der Oberfläche ist begünstigt. Jetzt ist es Zeit, das zu pflanzen oder zu säen, was vorwiegend in die Erde hineinwächst, z. B. Wurzelgemüse und -kräuter. Nährstoffe und Feuchtigkeit werden vom Boden während dieser Phase besonders gut aufgenommen, deshalb sind Düngung und Bewässerung der Pflanzen jetzt besonders wirkungsvoll und noch dazu weniger umweltbelastend.

Körper Der Organismus ist während dieser Zeit in seiner durchaus besten Form. Körperliche wie auch geistige Höchstleistungen gelingen viel müheloser als während der anderen Mondphasen. Ausspülen und Ausschwitzen ist die Devise bei abnehmendem Mond, deshalb wird auch alles, was mit Entgiftung und Entschlackung zu tun hat, gute Erfolge nach sich ziehen.
Zudem ist jedem, der ein paar Pfunde verlieren möchte, diese Phase wärmstens zu empfehlen: Das Abnehmen fällt jetzt nämlich viel leichter und ist effektiver!

Operationen gelingen zu dieser Zeit besser, und Wunden heilen viel schneller.

Der Mondstand im Tierkreis

Die Mondwanderung durch den Tierkreis

Bei seinem etwa 27-tägigen Umlauf um die Erde wandert der Mond durch die zwölf Sternbilder des astrologischen Tierkreises. In jedem von ihnen hält er sich für etwa zwei bis drei Tage auf.
Durch die Kombination der Mondimpulse, deren Wirkung durch die verschiedenen Mondphasen bestimmt wird, mit den astrologischen Einflüssen, die von den Sternbildern ausgehen, entstehen ganz besondere Kräfte: Diese sind sowohl im körperlichen Bereich bei Mensch und Tier als auch für Garten, Haushalt und andere Bereiche des täglichen Lebens von großer Wirkung.

Die vier Trigonen

Die 12 Tierkreiszeichen werden in vier Gruppen eingeteilt; jede Gruppe ist einem Urelement zugeordnet, über das die Sternzeichen astrologisch wirken.

- **Widder, Löwe, Schütze: Feuer**
  An den Feuertagen ist Eiweiß meist gut verträglich,
  die Witterung vergleichsweise mild
  und der Wuchs von Fruchtpflanzen begünstigt.

- **Stier, Jungfrau, Steinbock: Erde**
  An den Erdtagen ist Salz meist gut verträglich,
  das Wetter vergleichsweise kühl
  und der Wuchs von Wurzelpflanzen beeinflusst.

- **Krebs, Skorpion, Fische: Wasser**
  An den Wassertagen sind Kohlenhydrate meist gut
  verträglich, ist die Witterung vergleichsweise feucht
  und der Wuchs von Blattpflanzen gefördert.

- **Zwillinge, Waage, Wassermann: Luft**
  An den Lufttagen ist Fett meist gut verträglich,
  die Lichteinstrahlung vergleichsweise intensiv
  und der Wuchs von Blütenpflanzen begünstigt.

Der Einfluss des Mondstands auf Körper und Psyche

Neben den über die Naturelemente wirkenden Impulsen gehen von jedem Tierkreiszeichen noch andere Einflüsse aus, die unsere körperliche und psychische Verfassung mitbestimmen können. Jedem Zeichen werden ganz bestimmte Bereiche und Funktionen des menschlichen Organismus zugeordnet. Der Mond durchwandert somit in jedem Monat den ganzen Körper.

Mond im Widder

Dem Tierkreiszeichen Widder werden der Kopf, das Gehirn, die Augen und die Nase zugeordnet. Ebenso beeinflusst Widder die Sinnesorgane.
Wer häufiger unter Migräne leidet, wird dies nun besonders deutlich spüren. Schonung ist angesagt – und Vorsicht vor allem, was einen Migräneschub bewirken könnte, wie beispielsweise Genussmittel aller Art.
Operationen im Kopf- und Gesichtsbereich sollten an allen Widdertagen – auch bei abnehmendem Mond – nach Möglichkeit vermieden werden.
Die Menschen haben bei diesem Mondstand ein erhöhtes Kontaktbedürfnis und zunächst viel Energie, es zu befriedigen. Der Enthusiasmus ist jedoch eher kurzlebig.

Mond im Stier

Das Sternzeichen Stier bestimmt Hals, Kehlkopf, Schilddrüse, Mandeln, Zähne, Kiefer, Nacken und Ohren. Als Organsystem wird der Blutkreislauf beeinflusst.
Besonders an kühlen und feuchten Stiertagen sollte man sich vor Hals- und Ohrenentzündungen schützen. Also besser nicht Schal und Kopfbedeckung vergessen!
Mandeloperationen und kieferchirurgische Eingriffe – auch Zähneziehen – sollten jetzt, wenn es irgendwie geht, möglichst nicht durchgeführt werden.
An Stiertagen getroffene Entscheidungen sind nur schwer wieder rückgängig zu machen – also gut überlegen!

Der Mondstand im Tierkreis

Mond in den Zwillingen

Vom Tierkreiszeichen Zwillinge werden vor allem die Schultern, die Arme und Hände sowie die Bronchien regiert. Als Organsystem werden noch alle inneren Drüsen beeinflusst.

An Zwillingetagen ist vor allem für Rheumatiker Vorsicht geboten. Das übrigens nicht nur, weil die entsprechenden Körperregionen beeinflusst werden, sondern auch, weil das Wetter an diesen Tagen leicht umschlägt. Da heißt es: Sich warm anziehen und zur Heilsalbe greifen, die zu diesen Zeiten besonders gut wirkt! Auch eine Bestrahlungsbehandlung ist an Zwillingetagen günstig.

Wer seinem Schultergürtel etwas Gutes tun will, ist mit entsprechenden gymnastischen Übungen gut beraten.

Bei diesem Mondstand findet meistens ein unverbindlicher Austausch von Gedanken und Ideen statt. Bahnbrechendes Handeln ist jetzt nicht angesagt, aber es besteht durchaus oft die Lust auf einen Verwandtschaftsbesuch.

Mond im Krebs

Das Krebszeichen bestimmt die Brust, die Lunge sowie Magen, Leber und Galle. Auch das Nervensystem wird von ihm beeinflusst.

Wer einen schwachen Magen hat, bekommt dies an Krebstagen unter Umständen zu spüren. Auch die anderen inneren Organe sind besonders empfindsam. Es ist also besser, sich an diesen Tagen mit Bedacht zu ernähren. Wenn Sie schwere Speisen meiden und auch bei Alkohol und Kaffee immer maßvoll bleiben, ist manches Risiko geringer.

Wenn Sie Leber und Galle entgiften wollen, z. B. durch eine besondere Diät, wählen Sie am besten die Zeit zwischen Juli und dem darauf folgenden Januar, weil dann der abnehmende Mond im Tierkreiszeichen Krebs steht.

Ausgeprägte Empfindsamkeit, eventuell sogar auch große Überempfindlichkeit zeichnen Krebstage ganz besonders aus. Menschen, die sich sehr leicht beeinflussen lassen, sollten vor allem jetzt stets auf der Hut sein.

Mond im Löwen

Das Sternzeichen Löwe wirkt auf Rücken, Blutkreislauf, Herz, Zwerchfell und Schlagadern. Es beeinflusst zudem die Sinnesorgane.
Menschen, die Probleme mit Herz oder Kreislauf haben, sollten sich an Löwetagen vor größeren körperlichen und seelischen Belastungen hüten. Dazu gehören auch strapaziöse Reisen und aufregende berufliche Vorhaben.
Spaß, Lebensfreude sowie Selbstdarstellung heißen die Mottos. Andererseits weckt Löwe auch Beschützerinstinkte. Passen Sie auf, dass sich diese nicht womöglich zu Besitzansprüchen entwickeln!

Mond in der Jungfrau

Das Tierkreiszeichen Jungfrau bestimmt die Verdauungsorgane, den Stoffwechsel, die Nerven, die Milz und die Bauchspeicheldrüse. Als Organsystem wird der Blutkreislauf beeinflusst.
Viele Menschen haben Verdauungsprobleme, die an Jungfrautagen deutlicher zutage treten als sonst. Leichte, fettarme Gerichte sollten daher jetzt auf dem Speiseplan stehen.
Einerseits besteht großes Kontaktbedürfnis, andererseits aber auch die Tendenz zur Enthaltsamkeit. Solche Tage sind auch gut für die Erledigung von Routinetätigkeiten.

Mond in der Waage

Die Wirkung der Waage zielt gleichermaßen auf die Hüftregion wie auf die Nieren und die Blase.
Wer unangenehme und oft sehr schmerzliche Schwierigkeiten mit Nieren und Blase vermeiden möchte, sollte sich vor allem an Waagetagen vor Unterkühlung schützen. Wer vorbeugen will, muss reichlich trinken, um Nieren und Blase gut durchzuspülen. Vor allem nachmittags zwischen 15 und 17 Uhr wirkt das sehr günstig.
Romanzen, Freundschaft, Partnerschaft werden besonders großgeschrieben. Doch Vorsicht vor emotionalen Konflikten, denn es besteht die Gefahr der Eifersucht!

Der Mondstand im Tierkreis

Mond im Skorpion

Das Skorpionzeichen regiert die inneren und äußeren Sexualorgane sowie die ableitenden Harnwege, außerdem das Nervensystem.

An Skorpiontagen sollte man kalte Füße vermeiden, wenn man sich vor Blasen- oder Nierenentzündungen schützen will. Gegen Unterleibserkrankungen, die sogenannten Frauenleiden, helfen jetzt Sitzbäder mit Schafgarbenextrakt, die auch vorbeugend und durchblutungsfördernd wirken.

Schwangere sollten jetzt besonders vorsichtig sein; es besteht nämlich eine Tendenz zu Fehlgeburten, besonders wenn der Mond im Zunehmen begriffen ist.

Noch ein Tipp für Rheumatiker: Lüften Sie an Skorpiontagen und auch an anderen Wassertagen Ihre Bettwäsche nicht im Freien aus, sie zieht da allzu viel Feuchtigkeit an.

Man neigt jetzt zu Kritik und Misstrauen. Auch Empfindlichkeit und Verletzbarkeit sind erhöht. Für alles Spirituelle, aber auch Übersinnliches hat man nun viel Gespür.

Mond im Schützen

Der Schütze beeinflusst besonders die Oberschenkel und Venen sowie die Sinnesorgane.

An Schützetagen, die übrigens auch zu plötzlichen Wetterumschwüngen neigen, meldet sich immer mal wieder der Ischiasnerv besonders schmerzhaft. Wer das schon einmal erlebt hat, wird zu diesen Zeiten gerne auf besondere körperliche Anstrengungen verzichten wollen.

Auch ein Muskelkater tritt jetzt häufiger und intensiver auf, besonders wenn den Beinen zu viel zugemutet wurde. Alle, die ziemlich untrainiert sind, sollten deshalb längere Wanderungen oder womöglich anstrengende Bergtouren in eine dafür günstigere Zeit legen. Gut tun dagegen lockernde Massagen für das Kreuz und die Beinmuskulatur, für die man sich an Schützetagen viel Zeit nehmen sollte.

Unruhe, Sehnsucht nach dem Fremden und Unbekannten sowie eine übergroße Reiselust sind jetzt die stärksten Impulse.

Mond im Steinbock

Das Sternzeichen Steinbock hat besonderen Einfluss auf das Skelett, die Gelenke (vor allem die Knie) sowie auf die Haut und den Blutkreislauf.

Ähnlich wie bei Schütze sollte alles, was Knochen und Gelenke stark belastet, an Steinbocktagen eingeschränkt oder vermieden werden. Heilende Umschläge und Massagen beugen vor oder helfen. Auch jede Hautpflege ist jetzt angesagt; sie zeigt eine besonders tiefgehende und wohltuende Wirkung.

Tradition, Autorität, Regeln, Disziplin und Berufliches sind nun wichtig. Man tendiert aber auch zu Pessimismus, Frustration und der Neigung, sich ins Privateste zurückzuziehen.

Mond im Wassermann

Der Wassermannmond wirkt sich vor allem auf die Unterschenkel, die Venen, die Knöchel sowie auf das Drüsensystem aus.

Venenbeschwerden treten an Wassermanntagen sehr häufig auf. Wer die Möglichkeit hat, sollte die Beine ruhig einmal hochlegen. Allen, die unter Krampfadern leiden, ist zu raten, jetzt auf langes Stehen und Gehen möglichst zu verzichten. Wechselwarme Fußbäder, kalte Unterschenkelgüsse und das Auftragen von Venensalben sind nun am wirksamsten.

Soziales Engagement, Rationalität und Zukunftsplanung haben jetzt Vorrang. Zu viel Idealismus wird oft enttäuscht!

Mond in den Fischen

Das Fischezeichen regiert Füße, Zehen, Nervensystem.

Die oft geplagten Füße tragen den gesamten Körper – mit einem wohltuenden Fußbad kann man da jetzt besonders viel lindern und wiedergutmachen. Ein echtes Kuriosum ist die Erfahrung, dass an Fischetagen alle Genussmittel, ob Alkohol, Tabak oder Kaffee, viel stärker wirken als sonst!

Die Menschen ziehen sich nun eher zurück, suchen den Kontakt zum Partner oder zur Familie. Solche Tage sind auch gut für die Beschäftigung mit Spirituellem.

Der auf- und absteigende Mond

Siderischer Umlauf des Mondes

Es gibt noch zwei weitere Mondqualitäten, die ganz besonders für die Pflanzenwelt von Bedeutung sind, aber ebenso Beachtung finden können, um einen nicht ganz idealen Zeitpunkt für eine Gesundheitsmaßnahme zu optimieren oder auch bei Haushaltsaktivitäten letztlich bessere Ergebnisse zu erreichen.
Diese Mondqualitäten, die allerdings nichts mit den bereits beschriebenen Mondphasen zu tun haben, ergeben sich aus dem siderischen (auf die Sterne bezogenen) Umlauf des Mondes, wobei der Erdtrabant die zwölf bekannten Tierkreiszeichen durchläuft.

Der aufsteigende Mond

Aufsteigend durchquert der Mond dabei alle Tierkreiszeichen zwischen der Winter- und der Sommersonnenwende, also von Schütze über Steinbock, Wassermann, Fische, Widder bis Stier bzw. Zwillinge, wo er schließlich seinen Wendepunkt erreicht.
Der Zeitraum des aufsteigenden Mondes kann als Phase des Ausatmens der Erde betrachtet werden. Wachstum, Reifung und Ernte (daher auch Erntemond genannt) sind nun bestimmend.

Die Entwicklung über der Erdoberfläche ist der bei zunehmendem Mond ähnlich.

Der absteigende Mond

Absteigend durchwandert der Mond alle Tierkreiszeichen der Monate Juni bis Dezember, also Zwillinge, Krebs, Löwe, Jungfrau, Waage sowie schließlich Skorpion bzw. Schütze (Wendepunkt).
Der Zeitraum des absteigenden Mondes kann als Phase des Einatmens der Erde gesehen werden. Vor allem Pflanzarbeiten (daher auch Pflanzmond genannt) sind nun ganz besonders begünstigt.

Die Entwicklung unter der Erdoberfläche ist der bei abnehmendem Mond ähnlich.

Die Erklärung der Symbole

Die Symbole im Kalendarium verweisen auf günstige (blaues Piktogramm) bzw. eher ungünstige Tage (schwarzes Piktogramm).

Harmonische bzw. gereizte Stimmung

An Stier-, Waage- und Fischetagen sieht man in aller Regel die sonnigen Seiten des Lebens. Jetzt kann man sich auch sehr gut in andere hineinfühlen und ist, falls nötig, schneller zu Kompromissen bereit. Wenn der Mond in Widder, Skorpion oder Jungfrau steht, herrscht meist eine unterschwellige Gereiztheit und leichte Tendenz zur Aggression.

Geldangelegenheiten entscheiden, regeln

Alles, was mit Geld zu tun hat, ob Anlagen, Kaufverträge, Kredite o. Ä., entscheidet oder regelt man am besten bei zunehmendem Mond in Stier, Jungfrau und Steinbock. Bei Vollmond (egal, in welchem Zeichen) ist immer davon abzuraten, weil nun aufgrund von schwächerer Konzentration schneller Fehler passieren können.

Haare schneiden

Löwetage sind die optimalen Termine für den Haarschnitt: Bei abnehmendem Mond vorgenommen wird sich die Haarstruktur deutlich verbessern. Bei zunehmendem Mond geschnittene Haare wachsen schneller nach. An Krebs- oder Fischetagen entstandene Frisuren haben meistens keinen guten Halt.

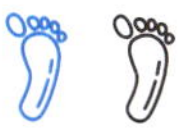

Fußreflexzonenmassage

An allen Fischetagen entfaltet dieses Naturheilverfahren seine volle Wirkung. Bei zunehmendem Mond wirkt die Massage regenerierend, bei abnehmendem besonders entspannend. An den Löwetagen ist davon besser abzusehen.

Die Erklärung der Symbole

Fasttag einlegen

Ein Fasttag an Neumond ist die Krönung der Entschlackung bei abnehmendem Mond. Und auch bei Vollmond, wenn aufgrund der starken Impulse die Neigung zu nervösem Magen besteht, entlastet ein Fasttag den Organismus sehr.
Wer an diesen Tagen nichts isst, sollte viel Saft, Mineralwasser oder Kräutertee trinken!

Großer Hausputz

Reinigungsarbeiten werden am effektivsten an Lufttagen bei abnehmendem Mond vorgenommen. An Erdtagen bei zunehmendem Mond ist vom Hausputz abzuraten, weil der Schmutz jetzt eher verteilt und nicht entzogen wird.

Wäsche waschen

Wer seine Wäsche an Wassertagen bei abnehmendem Mond erledigt, wird auch mit weniger Waschmittel ein gutes Ergebnis erzielen. An Feuertagen bei zunehmendem oder Vollmond wird man mit dieser Arbeit nicht zufrieden sein.

Pflanzen gießen

An Wassertagen gegossene Pflanzen können das frische Nass besser speichern und entsprechend gut rationieren. Wer an Lufttagen gießt, riskiert erfahrungsgemäß, dass vermehrt Schädlinge angezogen werden.

Pflanzen düngen

Voll- und abnehmender Mond sind die optimalen Düngezeiten. An allen Löwe- sowie den Widder- und Schützetagen bei zunehmendem Mond belastet das Düngen die Pflanzen zu sehr. Und in den Wintermonaten von November bis einschließlich Februar ist eine Pause nötig!

Pflanzen umtopfen

Kübel-, Balkon- oder Zimmerpflanzen werden am besten bei abnehmendem oder zunehmendem und zugleich absteigendem Mond umgetopft, und zwar von März bis Mai sowie von September bis einschließlich November.
Bei Neu-, Voll- oder abnehmendem und zugleich aufsteigendem Mond umzutopfen behindert den Wuchs der Pflanzen.

Zu den Kalendarien dieses Jahrbuchs

Das zentrale Kalendarium: Ab Seite 28 finden Sie in jeder Tagesspalte Mondphase, Mondstand (dunkelblaues Zeichen) und Zeitangaben für Neu-, Halb-, Vollmond und Transite vom einen Zeichen in das nächste.
Die Infokästen (zur Elementegruppe usw.) gelten für den gesamten Mondstand (egal, welche Phase herrscht).
Die Symbole darüber ändern sich bei gleichbleibendem Mondstand, aber wechselnder Phase oder fehlen, wenn keine Empfehlung oder Warnung zu geben ist.
Zum Thema Mondaspekte in den Tagestexten lesen Sie bitte zunächst die Seiten 198 ff.

Wichtig für alle Kalendarien in diesem Jahrbuch: Als Beurteilungskriterium dafür, von welchem Tierkreiszeichen ein Tag dominiert wird (ob z. B. noch ein Löwe- oder schon ein Jungfrautag gegeben ist), gilt nicht das Zeichen, in dem der Mond steht, wenn der Tag beginnt. Wichtig ist die Größe des Zeitraums, den der Mond am jeweiligen Tag in einem Sternzeichen verbringt. Denn je größer der Zeitraum ist, desto stärker wirken die durch das Zeichen bedingten Mondimpulse.
Das erklärt auch vermeintliche Abweichungen, wie z. B. am 20. April auf Seite 78: Der Mond befindet sich um 6.14 Uhr, wenn er sein Neumondstadium erreicht, noch im Widder (bis 6.31 Uhr). Dennoch haben wir es an diesem Tag mit einem Stier-Neumond zu tun, weil von diesem Zeichen letztlich die dominantere Kraft ausgeht.

Die Monatsübersichten 2023

Januar

1	So	Neujahr	52. Woche
2	Mo		1. Woche
3	Di		
4	Mi		
5	Do		
6	Fr	Heilige Drei Könige	
7	Sa		
8	So		
9	Mo		2. Woche
10	Di		
11	Mi		
12	Do		
13	Fr		
14	Sa		
15	So		
16	Mo		3. Woche
17	Di		
18	Mi		
19	Do		
20	Fr		
21	Sa		
22	So		
23	Mo		4. Woche
24	Di		
25	Mi		
26	Do		
27	Fr		
28	Sa		
29	So		
30	Mo		5. Woche
31	Di		

Februar

1	Mi		
2	Do	Mariä Lichtmess	
3	Fr		
4	Sa		
5	So		
6	Mo		6. Woche
7	Di		
8	Mi		
9	Do		
10	Fr		
11	Sa		
12	So		
13	Mo		7. Woche
14	Di	Valentinstag	
15	Mi		
16	Do		
17	Fr		
18	Sa		
19	So		
20	Mo	Rosenmontag	8. Woche
21	Di	Fastnacht	
22	Mi	Aschermittwoch	
23	Do		
24	Fr		
25	Sa		
26	So		
27	Mo		9. Woche
28	Di		

März

1	Mi		
2	Do		
3	Fr		
4	Sa		
5	So		
6	Mo		10. Woche
7	Di		
8	Mi	Internationaler Frauentag	
9	Do		
10	Fr		
11	Sa		
12	So		
13	Mo		11. Woche
14	Di		
15	Mi		
16	Do		
17	Fr		
18	Sa		
19	So	Josefitag	
20	Mo	Frühlingsanfang	12. Woche
21	Di		
22	Mi		
23	Do		
24	Fr		
25	Sa		
26	So	Beginn der Sommerzeit	
27	Mo		13. Woche
28	Di		
29	Mi		
30	Do		
31	Fr		

April

1	Sa		
2	So	Palmsonntag	
3	Mo		14. Woche
4	Di		
5	Mi		
6	Do	Gründonnerstag	
7	Fr	Karfreitag	
8	Sa		
9	So	Ostersonntag	
10	Mo	Ostermontag	15. Woche
11	Di		
12	Mi		
13	Do		
14	Fr		
15	Sa		
16	So		
17	Mo		16. Woche
18	Di		
19	Mi		
20	Do		
21	Fr		
22	Sa		
23	So	Welttag des Buches	
24	Mo		17. Woche
25	Di		
26	Mi		
27	Do		
28	Fr		
29	Sa		
30	So	Walpurgisnacht	

Die Monatsübersichten 2023

Mai

1	Mo	Maifeiertag	18. Woche
2	Di		
3	Mi		
4	Do		
5	Fr		
6	Sa		
7	So		
8	Mo		19. Woche
9	Di	Europatag	
10	Mi		
11	Do	Beginn der Eisheiligen	
12	Fr		
13	Sa		
14	So	Muttertag	
15	Mo	Ende der Eisheiligen	20. Woche
16	Di		
17	Mi		
18	Do	Christi Himmelfahrt	
19	Fr		
20	Sa		
21	So		
22	Mo		21. Woche
23	Di		
24	Mi		
25	Do		
26	Fr		
27	Sa		
28	So	Pfingstsonntag	
29	Mo	Pfingstmontag	22. Woche
30	Di		
31	Mi		

Juni

1	Do		
2	Fr		
3	Sa		
4	So		
5	Mo	Tag der Umwelt	23. Woche
6	Di		
7	Mi		
8	Do	Fronleichnam	
9	Fr		
10	Sa		
11	So		
12	Mo		24. Woche
13	Di		
14	Mi		
15	Do		
16	Fr		
17	Sa		
18	So		
19	Mo		25. Woche
20	Di		
21	Mi	Sommeranfang	
22	Do		
23	Fr		
24	Sa	Johannistag	
25	So		
26	Mo		26. Woche
27	Di	Siebenschläfer	
28	Mi		
29	Do		
30	Fr		

Juli

1	Sa	
2	So	
3	Mo	27. Woche
4	Di	
5	Mi	
6	Do	
7	Fr	
8	Sa	
9	So	
10	Mo	28. Woche
11	Di	
12	Mi	
13	Do	
14	Fr	
15	Sa	
16	So	
17	Mo	29. Woche
18	Di	
19	Mi	
20	Do	
21	Fr	
22	Sa	
23	So	
24	Mo	30. Woche
25	Di	
26	Mi	
27	Do	
28	Fr	
29	Sa	
30	So	
31	Mo	31. Woche

August

1	Di	Nationalfeiertag der Schweiz
2	Mi	
3	Do	
4	Fr	
5	Sa	
6	So	
7	Mo	32. Woche
8	Di	
9	Mi	
10	Do	
11	Fr	
12	Sa	
13	So	
14	Mo	33. Woche
15	Di	Mariä Himmelfahrt
16	Mi	
17	Do	
18	Fr	
19	Sa	
20	So	
21	Mo	34. Woche
22	Di	
23	Mi	
24	Do	
25	Fr	
26	Sa	
27	So	
28	Mo	35. Woche
29	Di	
30	Mi	
31	Do	

Die Monatsübersichten 2023

September

1 Fr		
2 Sa		
3 So		
4 Mo		36. Woche
5 Di		
6 Mi		
7 Do		
8 Fr		
9 Sa		
10 So		
11 Mo		37. Woche
12 Di		
13 Mi		
14 Do		
15 Fr		
16 Sa		
17 So	Eidgenössischer Bettag	
18 Mo		38. Woche
19 Di		
20 Mi	Weltkindertag	
21 Do		
22 Fr		
23 Sa	Herbstanfang	
24 So		
25 Mo		39. Woche
26 Di		
27 Mi		
28 Do		
29 Fr		
30 Sa		

Oktober

1 So	Erntedankfest	
2 Mo		40. Woche
3 Di	Tag der Deutschen Einheit	
4 Mi	Welttierschutztag	
5 Do		
6 Fr		
7 Sa		
8 So		
9 Mo		41. Woche
10 Di		
11 Mi		
12 Do		
13 Fr		
14 Sa		
15 So	Kirchweihfest	
16 Mo		42. Woche
17 Di		
18 Mi		
19 Do		
20 Fr		
21 Sa		
22 So		
23 Mo		43. Woche
24 Di		
25 Mi		
26 Do	Nationalfeiertag Österreichs	
27 Fr		
28 Sa		
29 So	Ende der Sommerzeit	
30 Mo		44. Woche
31 Di	Reformationsfest Halloween	

November

1 Mi	Allerheiligen		
2 Do	Allerseelen		
3 Fr			
4 Sa			
5 So			
6 Mo		45. Woche	
7 Di			
8 Mi			
9 Do			
10 Fr			
11 Sa	Martinstag		
12 So			
13 Mo		46. Woche	
14 Di			
15 Mi			
16 Do			
17 Fr			
18 Sa			
19 So	Volkstrauertag		
20 Mo		47. Woche	
21 Di			
22 Mi	Buß- und Bettag		
23 Do			
24 Fr			
25 Sa			
26 So	Totensonntag		
27 Mo		48. Woche	
28 Di			
29 Mi			
30 Do			

Dezember

1 Fr			
2 Sa			
3 So	1. Advent		
4 Mo	Barbaratag	49. Woche	
5 Di			
6 Mi	Nikolaustag		
7 Do			
8 Fr	Mariä Empfängnis		
9 Sa			
10 So	2. Advent		
11 Mo		50. Woche	
12 Di			
13 Mi			
14 Do			
15 Fr			
16 Sa			
17 So	3. Advent		
18 Mo		51. Woche	
19 Di			
20 Mi			
21 Do			
22 Fr	Winteranfang		
23 Sa			
24 So	4. Advent Heiligabend		
25 Mo	1. Weihnachtstag	52. Woche	
26 Di	2. Weihnachtstag		
27 Mi			
28 Do			
29 Fr			
30 Sa			
31 So	Silvester		

Schulferien 2023 in Deutschland

Land	Winter	Ostern/ Frühjahr	Himmelfahrt/ Pfingsten	Sommer	Herbst	Weihnachten
Baden-Württemberg	–	06.04. + 11.–15.04.	30.05.–09.06.	27.07.–09.09.	30.10.–03.11.	23.12.–05.01.
Bayern	20.–24.02.	03.–15.04.	30.05.–09.06.	31.07.–11.09.	30.10.–03.11. + 22.11.	23.12.–05.01.
Berlin	30.01.– 04.02.	03.–14.04.	19. + 30.05.	13.07.– 25.08.	02.10. + 23.10.–04.11.	23.12.–05.01.
Brandenburg	30.01.– 03.02.	03.–14.04.	–	13.07.– 26.08.	23.10.–04.11.	23.12.–05.01.
Bremen	30. + 31.01.	27.03.–11.04.	19. + 30.05.	06.07.–16.08.	02.10. + 16.–30.10.	23.12.–05.01.
Hamburg	27.01.	06.–17.03.	15.–19.05.	13.07.–23.08.	02.10. + 16.–27.10.	22.12.–05.01.
Hessen	–	03.–22.04.	–	24.07.–01.09.	23.–28.10.	27.12.–13.01.
Mecklenburg-Vorpommern	06.–18.02.	03.–12.04.	19.05. + 26.–30.05.	17.07.–26.08.	09.–14.10. + 30.10. + 01.11.	21.12.–03.01.
Niedersachsen	30. + 31.01.	27.03.–11.04.	19. + 30.05.	06.07.–16.08.	02.10. + 16.–30.10.	27.12.–05.01.
Nordrhein-Westfalen	–	03.–15.04.	30.05.	22.06.–04.08.	02.–14.10.	21.12.–05.01.
Rheinland-Pfalz	–	03.–06.04.	30.05.–07.06.	24.07.–01.09.	16.–27.10.	27.12.–05.01.
Saarland	20.–24.02.	03.–12.04.	30.05.–02.06.	24.07.–01.09.	23.10.–03.11.	21.12.–02.01.
Sachsen	13.–24.02.	07.–15.04.	19.05.	10.07.–18.08.	02.–14.10. + 30.10.	23.12.–02.01.
Sachsen-Anhalt	06.–11.02.	03.–08.04.	15.–19.05.	06.07.–16.08.	02.10. + 16.–30.10.	21.12.–03.01.
Schleswig-Holstein	–	06.–22.04.	19. + 20.05.	17.07.–26.08.	16.–27.10.	27.12.–06.01.
Thüringen	13.–17.02.	03.–15.04.	19.05.	10.07.–19.08.	02.–14.10.	22.12.–05.01.

Angegeben sind jeweils der erste und der letzte Ferientag. Für die Richtigkeit der Termine kann keine Gewähr übernommen werden.

Redaktioneller Stand: 28.02.2022

Arbeitsfreie Feiertage 2023

Gesetzliche Feiertage im Bundesgebiet

01.01. Neujahr
07.04. Karfreitag
09.04. Ostersonntag
10.04. Ostermontag
01.05. Maifeiertag
18.05. Christi Himmelfahrt
28.05. Pfingstsonntag
29.05. Pfingstmontag
03.10. Tag der Deutschen Einheit
25.12. 1. Weihnachtstag
26.12. 2. Weihnachtstag

Gesetzliche Feiertage in einzelnen Bundesländern

06.01. Heilige Drei Könige
(Baden-Württemberg, Bayern, Sachsen-Anhalt)

08.06. Fronleichnam
(Baden-Württemberg, Bayern, Hessen, Nordrhein-Westfalen, Rheinland-Pfalz, Saarland, Sachsen – teilweise, Thüringen – in Gemeinden mit überwiegend katholischer Bevölkerung)

15.08. Mariä Himmelfahrt
(Saarland, Bayern – in Gemeinden mit überwiegend katholischer Bevölkerung)

31.10. Reformationstag
(Brandenburg, Mecklenburg-Vorpommern, Sachsen, Sachsen-Anhalt, Thüringen)

01.11. Allerheiligen
(Baden-Württemberg, Bayern, Nordrhein-Westfalen, Rheinland-Pfalz, Saarland)

22.11. Buß- und Bettag
(Sachsen)

1 Sonntag

Neujahr

Elementengruppe: **Erde**
Besondere Nahrungsverträglichkeit: **Salz**
Beeinflusster Pflanzenteil: **Wurzel**
Dominierte Körperregionen: **Kiefer, Hals, Nacken**

Sie möchten einen **Baum** pflanzen? Dafür herrscht nun eine sehr günstige Mondkonstellation. Und was für ein symbolischer Akt zum Jahresbeginn!

Ob Familienmitglieder oder Freunde – wenn Sie sich ihnen gegenüber als fair und zuverlässig erweisen, wird nichts die **Harmonie** trüben können.

Lust auf **Rinderfilet mit Sellerie und Karotten**? Diese Gemüse entgiften und stärken vor allem bei diesem Mondstand die Mundschleimhaut.

Der erste Schritt im Wachstum besteht darin, das zu tun,
was wir gerne tun, und mit unserem Bewusstsein dabei zu sein.
Sujata

2 Montag

Die liebe Gesundheit

- Jeder, der unter zu hohem Blutdruck leidet, sollte an diesen Stiertagen besonders darauf achten, so salzarm wie möglich zu essen.
- Jetzt können vermehrt Zahnfleischentzündungen auftreten: Gurgeln Sie dann mehrmals täglich mit 4 Tropfen Salbeiöl, das in 4 EL warmem Wasser verrührt ist.

Aus Liebe zu den Blumen

Kübelpflanzen, die im Keller überwintern, sollten etwa alle 14 Tage gegossen werden. Neben den Wassertagen sind dafür auch die Erdtage geeignet.

Die liebe Familie

Nicht vergessen: Möglichst viel Freizeit im Kreis Ihrer Familie lädt Ihre Batterien auf und kann zudem sehr unterhaltsam sein. Sie müssen nicht mal große Aktivitäten entwickeln.

Januar

3 Dienstag

03.45

Elementengruppe: **Luft**
Besondere Nahrungsverträglichkeit: **Fett**
Beeinflusster Pflanzenteil: **Blüte**
Dominierte Körperregionen: **Schultern, Arme, Hände**

Gelegenheit
Zwillingemond und Jupiter gehen von 6.38 bis 8.38 Uhr ein Sextil ein und fördern dadurch die Motivation. Dank Ihrer Entschlossenheit können Sie nun ganz in Ihrem Sinne eine Chance nutzen, die andere erst gar nicht erkennen würden.

4 Mittwoch

! Sie haben heute klare Vorstellungen, und mit ein bisschen Zähigkeit können Sie auch ein Projekt beenden, das Sie schon ziemlich viel Zeit gekostet hat. Also durchhalten, dann haben Sie den gewünschten Erfolg!

- An Zwillingetagen sind rheumatische Beschwerden in den Schultern nicht selten. Aber stärkende Massagen in diesem Bereich sorgen für Linderung.
- Der Mond nimmt noch zu. Also spricht einiges dagegen, in die Sauna zu gehen. Vor allem bei sehr Sensiblen kann das den Kreislauf überlasten.

5 Donnerstag

15.16

Kurz nach 1 Uhr früh beginnt eine gut 14-stündige **Mondpause**.
Von einer Mondpause spricht man, wenn der Mond bei seiner Wanderung durch den Tierkreis keinen Hauptaspekt (also keine Konjunktion, Opposition, kein Quadrat, Trigon oder Sextil) mehr bildet, bis er vom Zeichen, durch das er gerade läuft, ins nächste wechselt.
Gefördert werden nun z. B. Routinetätigkeiten, schon begonnene Aktivitäten, Meditation, Yoga und Erholung. Vermeiden sollte man jetzt vor allem, etwas Neues zu beginnen. Wir betrachten hier aber nur die **wichtigsten Pausen**.

6 Freitag

Heilige Drei Könige

Elementengruppe: **Wasser**
Besondere Nahrungsverträglichkeit: **Kohlenhydrate**
Beeinflusster Pflanzenteil: **Blatt**
Dominierte Körperregionen: **Magen, Lunge, Galle, Leber**

- Kohlenhydrate werden an diesen Krebstagen zwar gut verarbeitet. Im Falle einer entsprechenden Allergie sollte man sich aber in Acht nehmen!
- Ärger schlägt bekanntlich auf den Magen, der bei diesem Mondstand erfahrungsgemäß noch viel anfälliger ist als sonst. Vermeiden Sie es also nach Möglichkeit, sich aufzuregen!

Das Tempo reduzieren!

- Im Haushalt sollten Sie bei Vollmondnähe besonders schwierige oder womöglich gefährliche Arbeiten unbedingt vermeiden. Das Unfallrisiko ist mittlerweile sehr hoch!
- An Krebstagen hat man nicht wenig Phantasie. Widerstehen Sie aber dem Reiz, spontane Ideen auch gleich umsetzen zu wollen. Erst nachdenken!

7 Samstag

00.09

Für Körper ...

Dieser Vollmond befindet sich im Tierkreiszeichen Krebs, daher ist es sehr empfehlenswert, den Magen zu entlasten – also nach Möglichkeit z. B. einen Fasttag einzulegen.

... und Seele

Von 13.31 bis 15.31 Uhr bilden Mond und Neptun ein Trigon. Auch in der ja bereits fortgeschrittenen Woche stecken während dieser Stunden in Ihnen noch so viel Gestaltungskraft und Sinn für Schönheit, dass Sie dieses Potenzial unbedingt nutzen sollten.

Tipp Widmen Sie heute Ihrer Familie so viel Zeit wie möglich. Dann finden Sie notfalls auch den richtigen Moment, um schnell ein Problem zu lösen.

8
Sonntag

Elementengruppe: ***Feuer***
Besondere Nahrungsverträglichkeit: ***Eiweiß***
Beeinflusster Pflanzenteil: ***Frucht***
Dominierte Körperregionen, -funktionen: ***Herz, Kreislauf, Blutdruck***

Gleich, ob man jetzt ins Konzert, in die Oper oder eine Disko geht – wer Musik liebt, erlebt an einem **Löwetag** einen ganz besonderen Genuss!

Musik ist das Unsagbare.
Bedrich Smetana

03.41

9
Montag

- Bei Löwemond sollten Menschen mit Herz- oder Kreislaufproblemen auf besonders große körperliche Anstrengungen unbedingt verzichten!
- Der Mond nimmt ab, und somit sind viele Reinigungstätigkeiten wieder effektiver – z. B. das Wischen von Holz- und Fliesenböden.
- Nun ist auch das Einschlagen von Kaminholz sehr begünstigt. Man kann nämlich davon ausgehen, dass es gut trocknet und ausgezeichnet brennt.
- Falls das Wetter mitspielt und es relativ mild ist, wären Mondphase und -stand optimal, um Beerensträucher und Obstbäume zurückzuschneiden.

10
Dienstag

Kurz vor 3 Uhr früh beginnt eine gut 13-stündige **Mondpause**.
Versuchen Sie nicht (beruflich wie privat), alle nach Ihrer Pfeife tanzen zu lassen. Sie würden außer Unwilligkeit oder Gegenwehr nichts erreichen. Also einen guten Mittelweg suchen!

Gut und gesund
Für Herzkräftigung und Blutdrucksenkung sind momentan Äpfel, Bananen und Papayas die am meisten zu empfehlenden Obstsorten.

16.16

11
Mittwoch

Elementengruppe: **Erde**
Besondere Nahrungsverträglichkeit: **Salz**
Beeinflusster Pflanzenteil: **Wurzel**
Dominierte Körperfunktionen: **Stoffwechsel, Verdauung**

Gesunde Ernährung
Verzehren Sie beim jetzigen Mondstand Obstsorten, die schonend oder heilend auf den Darm wirken: z.B. Ananas, Äpfel, Birnen oder Grapefruits. Und essen Sie Karotten sowie Zwiebeln, die die Darmschleimhaut kräftigen, oder Lauch und Radieschen, welche den Darm desinfizieren.

Es knistert!
Jungfrautage sind für Aussprachen grundsätzlich eher ungeeignet. Falls Sie aber doch Antworten geben müssen, sollten Sie diplomatisch bleiben. Sturer Egoismus ist besonders jetzt völlig fehl am Platz. Man muss nun ganz bewusst auch immer an die Bedürfnisse der anderen denken. Sonst verdirbt man womöglich den Rest von Motivation.

12
Donnerstag

Vorteil
Von 12.09 bis 14.09 Uhr gehen Mond und Sonne ein Trigon ein. Da können Sie auch mit einer gewagten Idee die größten Bedenkenträger davon überzeugen, dass man sich von Ihnen immer etwas erwarten darf, das gut ist und wirklich funktioniert.

Wer nicht weiterdenkt,
denkt überhaupt nicht.
Arthur Schnitzler

Nachteil
Hüten Sie sich bei diesem Mondstand vor unbedachten Äußerungen. Es besteht momentan nämlich die besonders große Gefahr, dass sich ein kleines Missverständnis schnell zum bedeutenden Konflikt auswächst.

Elementengruppe: ***Luft***
Besondere Nahrungsverträglichkeit: ***Fett***
Beeinflusster Pflanzenteil: ***Blüte***
Dominierte Körperregionen: ***Hüfte, Nieren, Blase***

13 Freitag

03.58

Denken und Fühlen
Wenn Sie nun über ein neues Projekt nachdenken, kommt Ihnen sicher so manche kreative Idee, die Sie sich unbedingt gleich notieren sollten.
Haben Sie in einer Liebesangelegenheit eine Entscheidung zu treffen? Die Schützetage Mitte nächster Woche sind dafür bessere Termine!

14 Samstag

! Falls Sie sich heute bemühen, zu einem Kompromiss beizutragen, wenn zunächst kaum vereinbare Wünsche aufeinandertreffen, kann nichts schiefgehen. Dann sind für ein insgesamt harmonisches Wochenende gute Voraussetzungen geschaffen.

Wer bei diesem Mondstand **Sport treiben** möchte, sollte möglichst auf alles verzichten, was die Hüftgelenke allzu stark beansprucht.
Aber die **Nagelpflege** an Händen und Füßen ist momentan sehr begünstigt.

15 Sonntag

03.11

13.09

- Ein bewährter Muntermacher: Für ein anregendes Vollbad geben Sie 15 bis 20 Tropfen Eukalyptusöl, verrührt in 1 bis 2 EL Sahne, ins Badewasser.
- Da der abnehmende Mond in einem Luftzeichen steht, ist beispielsweise das Zurückschneiden von sommergrünen Hecken zu empfehlen.
- Vorausgesetzt, dass es nicht regnet oder schneit, ist heute ein optimaler Termin, um intensiv zu lüften – Räume, Schränke, aber auch Kleidung.
- Haben Sie am jetzigen Sonntag vielleicht Lust, Ihr eigenes Brot zu backen? Dieser Lufttag trägt dazu bei, dass es besonders locker wird.

16 Montag

Elementengruppe: ***Wasser***
Besondere Nahrungsverträglichkeit: ***Kohlenhydrate***
Beeinflusster Pflanzenteil: ***Blatt***
Dominierte Körperregionen: ***Sexualorgane, Harnleiter***

Körper und Seele

- An Skorpiontagen können verstärkt die typischen Frauenleiden auftreten. Sitzbäder mit 10 Tropfen Teebaumöl wirken erfahrungsgemäß sehr lindernd.
- Signalisieren Sie heute immer Kompromissbereitschaft. Dann entstehen nicht so schnell Konflikte, und auch gereizte Stimmung lässt sich viel leichter abbauen.

Geld ausgeben oder anlegen

- Wenn der Mond den Skorpion durchwandert, fällt einem das Einkaufen (vor allem von Kleidung) nicht nur leicht. Es macht oft sogar richtig Spaß!
- Allerdings ist jetzt das Treffen von Entscheidungen in Geldangelegenheiten weniger günstig. Also besser verschieben!

17 Dienstag

18.34

An diesem Skorpiontag verspüren Sie große Sinnlichkeit. Geben Sie Ihren Empfindungen nach und erleben Sie ganz neue Seiten Ihrer Beziehung!

Wo die Sinnlichkeit an die Vernunft grenzt,
ist sie gewiss immer schön.
Johann Gottfried Seume

Wählen Sie heute als Schwerpunkt Ihres Speiseplans am besten Blattgemüse. Das wird Ihnen beim jetzigen Mondstand besonders gut bekommen: beispielsweise

- Blumenkohl, der entwässert und bei Blasenproblemen hilft
- Fenchel, der für bessere Nerven sorgt
- Spargel, Spinat und ganz besonders auch Weißkohl, die alle den Kohlenhydratstoffwechsel stimulieren.

Januar

18
Mittwoch

Elementengruppe: **Feuer**
Besondere Nahrungsverträglichkeit: **Eiweiß**
Beeinflusster Pflanzenteil: **Frucht**
Dominierte Körperregionen: **Oberschenkel, Venen**

! Tun Sie heute Ihr Bestes, um eine Eskalation zu vermeiden! Bei einem Streitgespräch sollten Sie sachlich bleiben und argumentieren. Keinesfalls polemisieren – auch wenn Sie das Thema noch so sehr nervt und Sie aus der Haut fahren könnten. Der Schützemond hilft Ihnen dabei!

Pflanzen in Haus ...
Momentan sollten nicht einmal die Zimmerpflanzen umgetopft werden, die es wirklich brauchen. Mondphase und Mondstand sind nämlich ungeeignet.

... und Garten
Haben Sie für dieses Jahr eigentlich schon die Pflanzengemeinschaften Ihres Gartens festgelegt? Machen Sie sich heute einmal die Mühe.

19
Donnerstag

20.13

Mit Vollgas in den Alltag
- Ob Kundengespräche oder andere Verhandlungsangelegenheiten – an diesem Schützetag stehen die Chancen gut, Wesentliches zu erreichen.
- Vieles ist jetzt günstig bzw. möglich: z. B. ein Zahnarztbesuch, Maßnahmen zur Entschlackung, das Entfernen von Warzen und Ziehen von Nägeln.
- Auch wenn die jetzige Mondkonstellation eigentlich günstig ist, um Sport zu treiben – Untrainierte dürfen sich nicht überanstrengen. Sonst droht ein Muskelkater, den man nicht so schnell vergisst!

Ob Treibhaus oder Garten
- Vielleicht gibt's ja noch etwas zu ernten, z. B. Grün- oder Rosenkohl. Jetzt kann man nämlich davon profitieren, dass der Mond wieder aufsteigt!
- Heute ist auch ein guter Termin, um den Winterschnitt an den Brombeer-, Himbeer- und Johannisbeersträuchern vorzunehmen.

20 Freitag

Elementengruppe: ***Erde***
Besondere Nahrungsverträglichkeit: ***Salz***
Beeinflusster Pflanzenteil: ***Wurzel***
Dominierte Körperregionen: ***Knie, Haut, Knochen***

Nun ist es günstig, sich an die Reparaturen zu machen, falls im Garten die **Laufplatten oder Zaunpfosten** nicht mehr halten, wie sie eigentlich sollten.

Sie möchten diesen Mondtermin auch für **Holzreparaturen** im Haus nutzen? Der Tag wäre gut gewählt, weil das Holz nämlich später nicht arbeiten wird!

Der Steinbockmond trägt u.a. dazu bei, dass man viel Geduld aufbringt. Daher fällt es jetzt leichter, die **Lösung von Problemen** zu besprechen.

Wer festen Willens strebt nach Güte,
wird nie aus Bosheit handeln.
Konfuzius

21 Samstag

21.54

19.30

Erkenntnis
Von 9.02 bis 11.02 Uhr (Mond-Neptun-Sextil) sind Sie zu besonderer meditativer Versenkung fähig. Wenn Sie nun bewusst in sich hineinspüren, können Sie viel über Ihre momentanen Bedürfnisse erfahren.

Neustart 1
Neumond ist erfahrungsgemäß immer die allerbeste Zeit, um damit zu beginnen, die eine oder andere schlechte Angewohnheit aufzugeben.

Neustart 2
Falls Sie umziehen müssen, sollten Sie die Hauptaktion nach Möglichkeit in diese Mondphase legen. Das wird vor allem Ihre Nerven schonen.

Tipp Lüften Sie kurz alle Räume, in denen Sie Erntegut eingelagert haben. Und untersuchen Sie dieses auch mit Sorgfalt auf eventuelle Fäulnis.

22
Sonntag

Elementengruppe: ***Luft***
Besondere Nahrungsverträglichkeit: ***Fett***
Beeinflusster Pflanzenteil: ***Blüte***
Dominierte Körperregionen: ***Unterschenkel, Venen***

Mond und Freizeit

- Machen Sie dem Partner ein paar Vorschläge für die gemeinsame Freizeitgestaltung. An einem Wassermanntag wird Ihnen das mit Sicherheit nicht schwerfallen!
- Ein Fest feiern, tanzen gehen, ein Theaterstück ansehen, sich mit Modethemen und moderner Kunst beschäftigen, eine Opern- oder Konzertveranstaltung besuchen, sich der Filmkunst widmen oder in kunstgewerbliche Tätigkeiten vertiefen, Kontakte pflegen oder auch »nur« ein Essen zu zweit zelebrieren – die Liste der Möglichkeiten, sich nun sinnvoll und angenehm zu beschäftigen, findet kaum ein Ende. Und alles ist vom Mondstand begünstigt. Sprich: wird viel intensiver erlebt!

23
Montag

18.37

Sich besser fühlen

- Wassermanntage wirken besonders positiv auf den Fettstoffwechsel. Unterstützen Sie das, indem Sie beispielsweise Sauerkraut essen.
- Schmerzende Beine? Das Auftragen von Venensalbe und Unterschenkelgüsse können bei diesem Mondstand deutlich für Linderung sorgen.

Haus und Garten

- An Lufttagen ist das Lüften von Räumen grundsätzlich immer günstig. Bei zunehmendem Mond sollte dies aber trotzdem nicht allzu lang geschehen.
- Dieser Monat ist oft sehr kalt. Kontrollieren Sie deshalb wieder einmal Ihre Pflanzen auf Frostschäden, und erneuern Sie falls nötig die Schutzvorrichtungen.

Sich profilieren

Für das, was Sie an diesem Wassermanntag leisten müssen, wird Ihnen Ihr Einfallsreichtum nützen. Bemühen Sie sich, dann haben Sie gute Ideen!

24
Dienstag

Elementengruppe: ***Wasser***
Besondere Nahrungsverträglichkeit: ***Kohlenhydrate***
Beeinflusster Pflanzenteil: ***Blatt***
Dominierte Körperregionen: ***Füße, Zehen***

Bei zunehmendem Mond in den Fischen sollte man ganz bewusst keinen oder nur wenig **Alkohol** trinken. Der wirkt jetzt nämlich umso stärker!

Verlieren Sie nicht Zeit und **Nerven** mit Arbeit, die einfach nicht vorangehen will. Machen Sie am besten zuerst mit etwas anderem weiter.

Jegliche Überprüfung, Reparatur oder Installation einer **Heizanlage** ist an solch einem Wassertag am erfolgreichsten und daher empfehlenswert.

Mussten Sie heute ziemlich lange stehen? Schmerzen deshalb Ihre Füße abends sehr? Ein wechselwarmes **Fußbad** schafft da spürbar Linderung – vor allem bei Fischemond!

25
Mittwoch

19.49

Haus und Garten
- Falls Sie die Muße dafür haben, sollten Sie auf den Markt gehen, tolle Sachen einkaufen und kochen. An diesem Fischetag gelingt's!
- Vielleicht haben Sie ja z. B. Lust auf Champignons mit Lauch und Parmesan oder mit Rinderhack gefüllte Paprikaschoten! Lauch und Paprika helfen nämlich sehr wirkungsvoll bei Venenbeschwerden.
- Kontrollieren Sie die Uferbefestigung des Gartenteichs, ob aufgrund der Wintereinflüsse Reparaturen nötig sind. Dieser Wassertag ist dafür günstig.

Gespräch ist gegenseitige distanzierte Berührung.
Christian Morgenstern

Ein offenes Gespräch kann heute dazu führen, lästige Zweifel auszuräumen, die das partnerschaftliche Klima der letzten Zeit etwas belastet haben. Das wiedererlangte Vertrauen wirkt sehr befreiend.

Januar

26
Donnerstag

Elementengruppe: ***Feuer***
Besondere Nahrungsverträglichkeit: ***Eiweiß***
Beeinflusster Pflanzenteil: ***Frucht***
Dominierte Körperregionen: ***Kopf, Gesicht***

Vitalität …
An Widdertagen hat man ein erhöhtes Kontaktbedürfnis, viel Energie und den Drang, etwas zu erleben. Allerdings besteht auch die Gefahr von mangelndem Einfühlungsvermögen und Rücksichtslosigkeit! In der Partnerschaft kommen daher oft der pure Egoismus und Starrsinn zum Tragen.

… und Leidenschaft
Wenn der Mond im Widder steht, ist die Lust zu erobern sehr groß, auch weil die sexuelle Energie erhöht ist. Jetzt fällt es besonders leicht, jemanden kennenzulernen und kräftig zu flirten. Da nimmt man schon mal die eine oder andere Gelegenheit wahr, ohne zuerst an den Morgen danach zu denken. Denn Sex wird häufig als rein sportiver Akt verstanden!

27
Freitag

Vorsichtig bleiben!
Bei zunehmendem Mond sollten Sie im Falle einer Medikamenteneinnahme die Dosierungsanweisungen des Arztes besonders gewissenhaft beachten.

Einfach, aber wirksam
Kopfschmerzen? Greifen Sie nicht gleich zu Tabletten. Versuchen Sie erst, das Übel mit viel Flüssigkeitsaufnahme und frischer Luft zu kurieren.

Sich etwas gönnen
Wie wär's mitten in der Woche mit einem duftenden Kuchen, selbst gebacken? Bei der heutigen Mondkonstellation wird er Ihnen sehr gut gelingen!

Doppelt hält oft besser
Es kann nicht schaden, ein erst letztens errechnetes Budget noch mal durchzugehen. Vielleicht entdecken Sie jetzt einen wesentlichen Fehler!

28 Samstag

16.20

00.44

Elementengruppe: ***Erde***
Besondere Nahrungsverträglichkeit: ***Salz***
Beeinflusster Pflanzenteil: ***Wurzel***
Dominierte Körperregionen: ***Kiefer, Hals, Nacken***

Vorbeugen
Die typische Erkältungszeit ist noch lange nicht vorbei! Schützen Sie daher vor allem an Stiertagen Ihren Halsbereich vor Unterkühlung.

Halsschmerzen? Bei diesem Mondstand wirklich nichts Ungewöhnliches! Das Gurgeln mit Salbeitee ist erfahrungsgemäß eines der einfachsten, aber auch wirksamsten Hausmittel.

Ordnen
Dieser Mondstand ist durchaus sehr günstig, um wieder mal richtig Ordnung zu schaffen – ob im Kopf, in den privaten Unterlagen oder im Bücher- bzw. Schallplatten- oder CD-Regal.

29 Sonntag

Speiseplantipp
Appetit auf Kalbfleisch mit Möhrengemüse? Dieses gesunde Wurzelgemüse unterstützt jetzt nämlich ganz besonders die Immunkräfte.

Tipp Da jetzt der zunehmende Mond im Erdzeichen Stier steht, sollten Sie nicht vergessen, wieder einmal Ihren Komposthaufen festzustampfen.

Seelenfrieden
Von 21.03 bis 23.03 Uhr (Mond-Neptun-Sextil) sind die geeignetsten Stunden des Tages, um durch Nachdenken oder In-sich-Hineinhören seiner Befindlichkeit nachzuspüren. So können Sie zu tiefer innerer Ruhe gelangen!

Es ist wichtiger, Fragen stellen zu können,
als auf alles eine Antwort zu haben.
James Thurber

30
Montag

Elementengruppe: **Luft**
Besondere Nahrungsverträglichkeit: **Fett**
Beeinflusster Pflanzenteil: **Blüte**
Dominierte Körperregionen: **Schultern, Arme, Hände**

09.36

Körperpflege

- Im Falle sehr trockener Haare: Ölpackungen können da gut Abhilfe schaffen – vor allem wenn der zunehmende Mond in einem Luftzeichen steht.
- Tragen Sie eine Salbe auf, falls Sie im Schulterbereich verspannt sind, aber keine Möglichkeit für eine Massage haben. Das hilft jetzt sehr!

31
Dienstag

Die Welt der Blumen

- Kaltkeimer sollten bis Ende Februar gesät sein. Daher ist der zunehmende Mond in den Zwillingen (jetzt und eben am 27. und 28. Februar) die letzte dafür geeignete Mondkonstellation.
- Es ist auch sehr zu empfehlen, Sommerblumen mit einer besonders langen Vorkulturzeit bereits jetzt schon auf dem Fensterbrett auszusäen.
- Die Mondkonstellation begünstigt es nun, die Balkongeranien wieder einzupflanzen und in einem kühlen Raum anwachsen zu lassen.

1
Mittwoch

Große Kommunikationsfähigkeit – beruflich …

An diesem Zwillingetag kann sich für Sie eine interessante Gelegenheit ergeben, Ihre berufliche Situation zu verbessern. Nützen Sie sie!

… wie privat

Allein zu bleiben würde Sie am heutigen Abend nicht befriedigen. Verbringen Sie deshalb Ihre Freizeit in harmonischer Zweisamkeit oder mit guten Freunden. Bei diesem Mondstand ist man nämlich sehr kontaktfreudig.

21.13

2
Donnerstag

Mariä Lichtmess

Elementengruppe: ***Wasser***
Besondere Nahrungsverträglichkeit: ***Kohlenhydrate***
Beeinflusster Pflanzenteil: ***Blatt***
Dominierte Körperregionen: ***Magen, Lunge, Galle, Leber***

Sind Sie ein Single, der gerne seine Situation verändern möchte? Heute haben Sie nämlich die Chance, eine aufregende neue Bekanntschaft zu machen. Lassen Sie sich also unbedingt aus der Reserve locken, gehen auch Sie auf den anderen zu. Und beweisen Sie vor allem einmal, wie spontan Sie handeln können.
Und am Abend sollten keinesfalls die schönen Seiten des Lebens zu kurz kommen. Denn wenn der zunehmende Mond im Krebs steht, erholt man sich erfahrungsgemäß besonders gut!

Wer sich der Einsamkeit ergibt,
ach, der ist bald allein.
Goethe

3
Freitag

Krebsmond und Gesundheit

- Atemübungen zur Kräftigung von Bronchien und Lunge sind besonders an Krebstagen sehr wirkungsvoll. Beginnen Sie damit am besten gleich nach dem Aufstehen.
- Wer einen anfälligen Magen hat, sollte jetzt nach Möglichkeit auf zu schwere Kost, Genussmittel und Ärger verzichten.
- Wie wäre es bei diesem Mondstand beispielsweise mit Spinat? Dieses Gemüse schmeckt fein, schützt die Magenschleimhaut und trägt außerdem noch zu einer guten Stimmung bei.

Die Gartenarbeit ruht nie

- Im Mistbeet oder Treibhaus kann man nun schon damit beginnen, Blattgemüse wie Blumenkohl und Kohlrabi sowie verschiedene Salate zu säen.
- Bald droht wieder Gefahr von Blattläusen und Erdflöhen. Dagegen sollten Sie jetzt schon mal einen Brennnessel- oder Holunderauszug ansetzen.

4 Samstag

09.50

Elementengruppe: ***Feuer***
Besondere Nahrungsverträglichkeit: ***Eiweiß***
Beeinflusster Pflanzenteil: ***Frucht***
Dominierte Körperregionen, -funktionen: ***Herz, Kreislauf, Blutdruck***

! Heute neigen Sie dazu, sich schnell manipulieren zu lassen. Achten Sie deshalb jetzt genau darauf, wem Sie was versprechen, wie viel Geld Sie für Kleinigkeiten auszugeben bereit sind und wem Sie Ihre Zuneigung schenken.

Haus und Garten

- Jetzt sollte man beim Kochen und Backen mit Fett keine riskanten Experimente wagen. Bei dieser Mondkonstellation kann viel schiefgehen!
- Versorgen Sie nach dem Winterschnitt der Obstbäume die sehr anfälligen Schnittstellen mit Baumwachs, damit dort keine Pilze eindringen können.
- Im Treibhaus oder Mistbeet können nun schon die ersten Fruchtgemüse gesät werden: beispielsweise Tomaten, Paprika und Auberginen.

5 Sonntag

19.30

Gemischte Gefühle

Bei diesem Mondstand wird man oft von Besitzansprüchen und Eifersucht geplagt. Unterdrücken Sie jetzt genau diese Regungen!
Heute ist Ihre Partnerschaft nämlich auch von ganz besonderer Zärtlichkeit erfüllt. Eigentlich sind nun nur ein paar Blicke und keine Worte nötig, um sich zu verstehen.

Stolz ist die Kraft des Geistes,
Demut die Kraft der Seele.
Carl Hilty

Tipp Bei Vollmond kommt es oft zu Schlafstörungen. Die Düfte eines Kräuterkissens unter dem Kopfkissen können die Nachtruhe sehr fördern.

6
Montag

22.15

Elementengruppe: ***Feuer***
Besondere Nahrungsverträglichkeit: ***Eiweiß***
Beeinflusster Pflanzenteil: ***Frucht***
Dominierte Körperregionen, -funktionen: ***Herz, Kreislauf, Blutdruck***

Kräuterbäder

Nach einem stressigen Wochenstart oder harten Tag kann ein wohltemperiertes Bad mit den richtigen Badezusätzen herrlich entspannend sein und zugleich neue Kräfte wecken.

Aber auch gegen einige Gebrechen sind Kräuterbäder sinnvolle Anwendungen. Man kann die gewünschte Wirkung noch verstärken, wenn man die Impulse des Mondes mit ins Kalkül zieht.

Grundregeln und -rezepturen für Kräuterbäder

- Die Temperatur des Badewassers sollte nicht mehr als 38 °C betragen.
- Die Badezeit sollte nicht 15 bis 20, keinesfalls 30 Minuten überschreiten.
- Verwendet man getrocknete Kräuter für den Badezusatz, gibt man eine halbe Handvoll Kräuter im Leinensäckchen ins Wasser.
- Nimmt man gefilterten Kräuteraufguss als Badezusatz, setzt man dem Badewasser davon 600 Milliliter zu.
- Verwendet man ein oder mehrere Aromaöle für den Badezusatz, verrührt man 15 bis 20 Tropfen davon in 1 bis 2 Esslöffeln Neutralseife, Milch, Sahne oder flüssigem Honig.

Aphrodisische Bäder

Will man die Sinne, vor allem die Sinnlichkeit durch ein Bad mit gewissen Zusätzen anregen, empfiehlt sich der Vollmond oder der abnehmende Mond, wenn er in den Feuerzeichen (Widder, Löwe und Schütze) steht.

Vollbad für die Frau Passende ätherische Öle, die dem weiblichen Lustgewinn dienen können, sind Geranium-, Jasmin-, Neroli- und Rosenöl.

Vollbad für den Mann Geeignete Aromaöle, die das sexuelle Interesse des Mannes steigern können, sind Weihrauch- und Zimtöl.

Duftendes Vollbad für zwei Diesem libidosteigernden Bad wird folgende Mischung zugesetzt: Jeweils 10 Tropfen der ätherischen Öle Geranium und Kümmel werden mit 1 bis 2 Esslöffeln Milch oder Pflanzenöl verrührt.

7
Dienstag

Elementengruppe: ***Erde***
Besondere Nahrungsverträglichkeit: ***Salz***
Beeinflusster Pflanzenteil: ***Wurzel***
Dominierte Körperfunktionen: ***Stoffwechsel, Verdauung***

! Vertreiben Sie alle Gedanken, die Sie letztlich nur ablenken, aus Ihrem Kopf. Dann sind Sie in der Lage, sich auf das Tempo der anderen einzustellen und richtig mitzuhalten. Und das Resultat Ihrer Arbeit wird auch sehr respektabel sein.

Gegen sich selbst antreten!

An Jungfrautagen ist die Bereitschaft zur Pflichterfüllung sehr groß. Im Vollmondumfeld kann sich das noch steigern. Opfern Sie sich nicht auf!
Den Frieden mit den anderen retten Sie heute am zuverlässigsten, indem Sie sich im Konfliktfall zurückziehen, anstatt auf Ihr Recht zu pochen.
Und falls Sie abends nur Ihre Ruhe möchten, sollten Sie sich nicht dazu überreden lassen auszugehen. Damit wäre letztlich niemandem gedient!

8
Mittwoch

Ernährung

Verzehren Sie an Jungfrautagen Obstsorten, die schonend oder heilend auf den Darm wirken: z. B. Ananas, Äpfel, Birnen oder Grapefruits. Und achten Sie jetzt darauf, besonders ballaststoffreiche Nahrung zu sich zu nehmen. Das fördert speziell in dieser Mondphase eine gute Verdauung.

Haus und Garten

- Immer wenn der abnehmende Mond in einem Erdzeichen (Stier, Jungfrau und Steinbock) steht, sind alle Malerarbeiten im Haus begünstigt.
- Bei mildem Wetter kann man nun bereits die ersten Beete vorbereiten: den Boden lockern und Wintermulch oder Gründüngung einarbeiten.
- Die jetzige Mondkonstellation ist auch sehr günstig, um im Treibhaus Wurzelgemüse zu säen bzw. zu pflanzen. Und vergessen Sie nicht, bei Trockenheit den Garten zu wässern.

9 Donnerstag

***Elementengruppe:* Luft**
***Besondere Nahrungsverträglichkeit:* Fett**
***Beeinflusster Pflanzenteil:* Blüte**
***Dominierte Körperregionen:* Hüfte, Nieren, Blase**

09.48

Gepflegtes Äußeres

- Der abnehmende Mond ist gut für eine Entschlackungs- oder Schlankheitskur. Trinken Sie auch wieder mal Brennnesseltee zur Blutreinigung.
- Aufgrund der Mondkonstellation ist die Nagelpflege begünstigt. Zudem: eingewachsene Nägel ziehen sowie Warzen und Hühneraugen entfernen.

10 Freitag

Kreativität

Ihre Lust, an einem Projekt zu arbeiten, das wirklich Ihre ganze Kreativität beansprucht, lässt Sie fast den Aufwand vergessen, der nötig ist. Das macht der Stand des Mondes in der Waage aus!

Das Wirkende ist immer wertvoller
als das, was eine Wirkung erfährt.

Aristoteles

11 Samstag

19.36

Glanz und Duft im Haus

- An Lufttagen bei abnehmendem Mond sind Streich- und Lackierarbeiten sehr günstig. Das Ergebnis kann sich nun wirklich sehen lassen.
- Vom Kuchenbacken, übers Putzen bis hin zum Lüften und Kochen – jetzt sind sehr viele Tätigkeiten empfehlenswert.

Tipp Vor allem bei dieser Mondkonstellation sollte man nicht vergessen, das Obstlager gründlich zu lüften und alle fauligen Früchte zu entfernen.

12
Sonntag

Elementengruppe: ***Wasser***
Besondere Nahrungsverträglichkeit: ***Kohlenhydrate***
Beeinflusster Pflanzenteil: ***Blatt***
Dominierte Körperregionen: ***Sexualorgane, Harnleiter***

! Versuchen Sie zu lächeln, auch wenn Ihnen nicht danach ist. Davon, dass man sich den Kopf zerbricht, wird auch nichts besser. Und wenn wirklich ein Problem gegeben ist, müssen Sie es lösen und nicht nur darüber klagen!

Ein Weiser ohne Taten ist eine Wolke ohne Regen.
John Steinbeck

Sich um Ausgleich bemühen
Sie wissen, dass der Beziehungsfrieden auf dem Spiel steht, falls man nicht über gewisse Missverständnisse redet. Machen Sie den Anfang, falls nötig! Egal, wie viel freie Zeit Sie heute haben – gehen Sie nicht aus, sondern entspannen Sie sich besser zu Hause. Die neue Woche kommt bestimmt!

13
Montag

17.02

Mond und Gesundheit
Duschen Sie morgens am besten kalt. Das härtet letztlich sehr gut ab und schützt Sie auch vor allem effektiv gegen an Skorpiontagen häufig auftretende Unterleibsbeschwerden.

Mond und Ernährung
Vermeiden Sie an Wassertagen in der Küche alles, was – auch im weiteren Sinn – mit Backen zu tun hat. Sonst riskieren Sie einen allzu feuchten Teig. Aber in Topf und Pfanne wird Ihnen alles gelingen. Empfehlenswert, weil an Skorpiontagen besonders gesund, ist nun beispielsweise:
- Brokkolisalat mit Zitronensaft. Brokkoli lindert erfahrungsgemäß Menstruationsbeschwerden.
- Kürbissuppe mit saurer Sahne. Kürbis ist gut bei Prostataleiden.
- Sellerie-Möhren-Gemüse mit Putenbrust. Sellerie wirkt in den ableitenden Harnwegen antibakteriell.

14 Dienstag

Valentinstag

Elementengruppe: ***Feuer***
Besondere Nahrungsverträglichkeit: ***Eiweiß***
Beeinflusster Pflanzenteil: ***Frucht***
Dominierte Körperregionen: ***Oberschenkel, Venen***

02.32

Beruflich
Versuchen Sie auch das zu erledigen, wozu Sie sich erst zwingen müssen. Irgendwann kommt die nötige Konzentration, dann geht's wie von selbst.

Hochphase
Zwischen 17.57 und 19.57 Uhr (Mond-Jupiter-Trigon) können Sie in einer sehr persönlichen Angelegenheit endlich das erreichen, wonach Sie sich schon lange sehnten. Kosten Sie es aus!

Privat
An diesem Valentinstag kann Ihnen sehr bewusst werden, wie glücklich Sie mit dem sind, was Sie haben. Vermitteln Sie das auch den anderen.

15 Mittwoch

Haushalt und Winterschnitt
- Fenster putzen, Marmelade kochen, Glas, Steingut oder Porzellan reinigen – nur ein paar der bei dieser Mondkonstellation günstigen Arbeiten!
- Falls immer noch nicht geschehen: Dieser Fruchttag ist der letzte Termin, zu dem der Obstbaum-Winterschnitt abgeschlossen werden sollte.

Körper und Geist
- Haben Sie an diesem Schützetag Muskelkater? Verrühren Sie 5 bis 8 Tropfen Majoranöl mit etwas Wasser, und geben Sie dieses Gemisch in eine Duftlampe. Das lindert die Schmerzen und entspannt!
- Beenden Sie diesen Tag mit anspruchsvoller Lektüre. Das wird Sie nämlich nicht nur bereichern, sondern in erster Linie sogar entspannen.

Was ist der Körper, wenn das Haupt ihm fehlt?
Shakespeare

16
Donnerstag

06.01

Elementengruppe: ***Erde***
Besondere Nahrungsverträglichkeit: ***Salz***
Beeinflusster Pflanzenteil: ***Wurzel***
Dominierte Körperregionen: ***Knie, Haut, Knochen***

Haus und Garten

- Sind Sie Heimwerker? Diese Steinbocktage sind beispielsweise für den Einbau einer Holztreppe sehr günstig: Die Treppe wird sich dann nämlich nicht verziehen.
- Nun sollten auch weiterhin die Beete für die neue Anpflanzung vorbereitet werden. Entfernen Sie zunächst alten Mulch, damit der Boden Sauerstoff und Wärme bekommt.
- Mittlerweile kann zudem vielleicht schon das erste Unkraut gejätet werden. Die jetzige Mondkonstellation ist optimal dafür geeignet.

Tipp Weil nun auch die Winterruhe der Zimmerpflanzen vorüber ist, können Sie die erste Düngung vornehmen. Mondphase und -stand sind optimal!

17
Freitag

Treffsicherheit

Von 6.56 bis 8.56 Uhr bilden Mond und Uranus ein Trigon. Wenn Sie sich in dieser Zeit einen Ruck geben, können Sie eine Entscheidung treffen, die Sie schon seit Wochen vor sich herschieben. Dann haben Sie auch Ihre Zukunft klarer vor sich!

Für die Schönheit

- Abnehmender Mond im Steinbock: Das ist ein wirklich guter Termin für eine ausgiebige Maniküre und Pediküre. Nehmen Sie sich die Zeit dafür.
- Da der Mond abnimmt, ist die Haut weniger durchblutet sowie schmerzunempfindlicher. So ist z. B. das Entfernen von Körperhaaren begünstigt.

Sich um Einsicht bemühen!

Vermeiden Sie es, in einem Konfliktfall die Dissonanzen durch Sturheit noch zu vergrößern. Akzeptieren Sie, dass es unterschiedliche Meinungen gibt!

18 Samstag

06.36

Elementengruppe: ***Luft***
Besondere Nahrungsverträglichkeit: ***Fett***
Beeinflusster Pflanzenteil: ***Blüte***
Dominierte Körperregionen: ***Unterschenkel, Venen***

Ein einziges **Telefonat** kann beim jetzigen Mondstand entscheidend sein und sehr viel bringen. Zögern Sie nicht, wenn Sie sich Ihrer Ziele mittlerweile völlig sicher sind!

Bei deinen Handlungen überlasse die Entscheidung nicht der Leidenschaft, sondern dem Verstande.
Epicharmos

Dieser Wassermanntag ist geeignet, um sich mit dem Partner über Zukunftsvorstellungen auszutauschen. **Entscheidungen** sollten Sie aber besser ein anderes Mal fällen.

19 Sonntag

Perspektive
Ihre Gedanken während der Morgenstunden von 7.02 bis 9.02 Uhr (Mond-Mars-Trigon) versetzen Sie in eine Stimmung von Erwartung und Vorfreude. Das motiviert Sie für den ganzen Tag.

Am Sonntag können Sie den Haushalt ja einfach mal ruhen lassen. Sorgen Sie bei dieser Mondkonstellation aber für genug **Frischluft** in den Räumen.

Kontrollieren Sie an Ihren Obstbäumen die **Leimringe** gegen Raupenbefall. Vielleicht ist es ja nötig, die alten zu entfernen und neue anzubringen.

Erlebnis
Unternehmen Sie wieder mal was richtig Feines. Der Wassermannmond macht Lust auf vieles: z. B. ins Theater, zum Tanzen oder essen zu gehen.

20
Montag

08.07

05.57

Rosenmontag

Elementengruppe: ***Wasser***
Besondere Nahrungsverträglichkeit: ***Kohlenhydrate***
Beeinflusster Pflanzenteil: ***Blatt***
Dominierte Körperregionen: ***Füße, Zehen***

Wer heute etwas zur Entschlackung beitragen, aber nicht fasten möchte, kann zumindest einen reinen **Obsttag** einlegen. Bevorzugen Sie bei diesem Mondstand Mangos – die beruhigen z. B. auch die Nerven.

Einfallsreichtum

Der Fische-Neumond stärkt ganz besonders die kreative Ader. Notieren Sie sich jetzt alle guten Ideen – gleich, ob Sie sie schon diese Woche oder erst irgendwann später brauchen können.

Gönnen Sie dem Garten in dieser Mondphase vor allem etwas **Ruhe**. Lediglich kranke Pflanzen könnten Sie zurückschneiden. Milde Witterung ist aber die Voraussetzung!

21
Dienstag

Fastnacht

Denken Sie heute noch mal über die Meinung eines Kollegen nach, die Sie bisher einfach abgelehnt haben. Vielleicht sehen Sie das jetzt ja anders!

Nur die Narren und die Toten
ändern niemals ihre Meinung.
James Russell Lowell

Körper und Seele

- So kurz nach Neumond ist besonders von jenen Arbeiten abzuraten, für die in aller Regel sehr große körperliche Kraft benötigt wird.
- Ob Sie ganz klassisch Kehraus feiern oder sich eher zurückgezogen eine Komödie im Heimkino ansehen – Sie werden dafür in Stimmung sein!

22
Mittwoch

Aschermittwoch

06.15

Elementengruppe: ***Feuer***
Besondere Nahrungsverträglichkeit: ***Eiweiß***
Beeinflusster Pflanzenteil: ***Frucht***
Dominierte Körperregionen: ***Kopf, Gesicht***

Schnelle Abhilfe
Falls bei diesem Mondstand Ihre Augen entzündet sind: Kompressen, mit einem Sud aus Leinkraut oder Spitzwegerich getränkt, können spürbar helfen. Der Sud ist aus den jeweiligen Tees leicht zuzubereiten.

Backfreuden
Immer noch Lust auf selbst gebackene Krapfen – auch nach dem Fasching? Bei zunehmendem Mond in einem Feuerzeichen gelingen die Ihnen gut!

Tipp Planen Sie den Abend dieses Widdertags, wie es Ihnen passt. Lassen Sie sich von niemandem zu etwas anderem überreden. Sonst ärgern Sie sich womöglich noch!

23
Donnerstag

Gegen **Kopfschmerzen**, die häufig an Widdertagen auftreten, hilft das Auflegen von Heilkräuterkompressen: z. B. mit Rosmarin oder Johanniskraut.

Falls Sie morgen ein wichtiges **Geschäftsgespräch** führen müssen, sollten Sie sich heute darauf vorbereiten. Die Mondkonstellation hilft dabei.

Vorsicht!
Warten Sie mit dem Düngen bis zum Voll- oder abnehmenden Mond, auch wenn gewisse Zimmerpflanzen es jetzt schon langsam nötig haben.

Und weiter im Garten
- Falls der Boden nicht gefroren ist, kann man aufgrund der jetzigen Mondkonstellation gut Apfel-, Birn- und Zwetschgenbäume pflanzen.
- Im Warmen (z. B. auf dem Fensterbrett) sollte man jetzt eine Vorkultur für Fruchtgemüse anlegen – Auberginen, Tomaten, Paprika u. a.

Elementengruppe: **Erde**
Besondere Nahrungsverträglichkeit: **Salz**
Beeinflusster Pflanzenteil: **Wurzel**
Dominierte Körperregionen: **Kiefer, Hals, Nacken**

24
Freitag

09.30

Finanzen

Gleich, ob es beispielsweise um die Wahrung von Geld und Besitz, größere Anschaffungen oder einfach um die Festlegung bzw. Überprüfung von Budgets geht – besonders an Stiertagen beweist man dafür immer eine ziemlich sichere Hand.

25
Samstag

Haus und Garten

- Vielleicht möchten Sie Teile Ihres Ernteguts ja einkochen! Das Konservieren von Wurzelgemüse wird vom Mond heute begünstigt.
- Da jetzt der zunehmende Mond in einem Erdzeichen steht, ist der Zeitpunkt günstig, Hecken und Ziergehölze zu pflanzen bzw. zu versetzen.

Tipp Sie sagen Krümel und Fussel wieder mal den Kampf an? Nicht vergessen: In dieser Mondphase die Fußböden besser saugen als wischen!

26
Sonntag

16.49

Freizeit

- Heute reagiert man wahrscheinlich auf alle Geräusche besonders empfindlich. Kalkulieren Sie das auch bei der Freizeitplanung ein, und meiden Sie möglichst besonders laute Orte.
- Wenn der Mond im Stier steht, spürt man oft besonders große Lust, einer Leidenschaft nachzugehen – ob man musiziert oder festlich tafelt.
- Es ist eine bewährte Methode, gute Literatur zu lesen, wenn man vor der Nachtruhe noch etwas abschalten will. Das fördert die schönen Träume.

27
Montag

09.07

Elementengruppe: **Luft**
Besondere Nahrungsverträglichkeit: **Fett**
Beeinflusster Pflanzenteil: **Blüte**
Dominierte Körperregionen: **Schultern, Arme, Hände**

Mond und Gesundheit

- Wer sich gleich am Morgen schon matt fühlt, beginnt diesen Tag am besten mit einem Rosmarinbad! Das regt die Durchblutung an.
- Gegen Verspannungen sowie Schmerzen im Schulter- und Rückenbereich kann bei diesem Mondstand ein Rheumabad große Wirkung zeigen.
- Tragen Sie vor der Nachtruhe eine Gesichtsmaske auf. Bei zunehmendem Mond kühlt und beruhigt das die Haut sehr intensiv. Dann werden Sie besonders gut schlafen.

Ruhe statt Aktionismus

Für den heutigen Zwillingeabend sollten Sie sich nichts Aufwendiges vornehmen, sondern lediglich bei etwas Fernsehen oder Lektüre abschalten.

28
Dienstag

Von der jetzigen Mondkonstellation begünstigte Gartenarbeit ist: das Pflanzen von Lilien, das Teilen und Verpflanzen älterer Stauden sowie das Pflanzen von Brokkoli und Artischocken im Warmen.

Ende in Sicht

Falls Sie bei diesem Mondstand genügend Tatkraft beweisen, können bisher zähe Verhandlungen endlich mit einem sehr zufriedenstellenden Vertragsabschluss beendet werden.

Nicht ärgern, falls heute ein Termin platzt, auf den Sie sich gefreut haben! An Zwillingetagen fällt einem schnell ein gutes Alternativprogramm ein.

Alle Gelegenheit, glücklich zu werden, hilft dem nichts,
der den Verstand nicht hat, sie zu nutzen.

Johann Peter Hebel

März

Elementengruppe: **Wasser**
Besondere Nahrungsverträglichkeit: **Kohlenhydrate**
Beeinflusster Pflanzenteil: **Blatt**
Dominierte Körperregionen: **Magen, Lunge, Galle, Leber**

1
Mittwoch

03.41

Ernährung an diesen Krebstagen

- Achten Sie bei dieser Mondkonstellation auf Ihren Magen, vermeiden Sie fette Speisen. Bevorzugen Sie Blattgemüse, z. B. Mangold, sowie Salate.
- An Krebstagen ist die Leber sehr empfindlich. Artischocken schützen sie. Vielleicht haben Sie heute ja Lust auf Nudeln mit Artischocken und Pinienkernen!

2
Donnerstag

Gartenarbeit

- Salatsorten, Kohlrabi und Fenchel sollten immer noch im Warmen, Spinat, Petersilie und Schnittlauch können aber mittlerweile schon im Freien ausgesät werden.
- Überprüfen Sie jetzt regelmäßig den Komposthaufen. Wässern Sie ihn, falls er zu trocken wird. Für die Humusbildung ist Feuchtigkeit nötig.
- Vielleicht muss mittlerweile die eine oder andere Kübelpflanze umgetopft werden: Der absteigende Mond ist dafür ein guter Zeitraum.

3
Freitag

16.17

! Heute sind alle Stimmungen zwischen Lethargie und Aggression möglich. Versuchen Sie deshalb in jeder Situation, ausschließlich mit dem Verstand zu entscheiden, wie Sie sich verhalten werden!

Bei diesem Mondstand findet man immer einen günstigen Moment, um **Familiäres** zu regeln – selbst wenn nicht viel Zeit zur Verfügung ist.

Tipp Haben Sie Heizungsprobleme? Der Mond begünstigt nun anfallende Reparaturen!

4
Samstag

Elementengruppe: ***Feuer***
Besondere Nahrungsverträglichkeit: ***Eiweiß***
Beeinflusster Pflanzenteil: ***Frucht***
Dominierte Körperregionen, -funktionen: ***Herz, Kreislauf, Blutdruck***

Putzen und braten

- Das Lüften von Räumen und Schränken kann man heute empfehlen. Reinigungsarbeiten würden aber nicht zu Ihrer Zufriedenheit ausfallen!
- Achten Sie beim Braten auf das Fett. Es kann bei zunehmendem Mond in einem Feuerzeichen sehr heiß werden und schnell zu brennen beginnen!

Pflanzen und säen

- Mondkonstellation und Jahreszeit machen es möglich, dass immer noch Obstbäume, Beerensträucher und Weinreben gepflanzt werden können.
- Tomaten, Paprika und Auberginen sollten Sie jetzt noch unbedingt im Warmen säen. Die Saat für Puffbohnen, Pal- und Zuckererbsen kann erfahrungsgemäß schon ins Freiland.

5
Sonntag

Bei zunehmendem Mond im Löwen sollte jeder, der Probleme mit Herz oder Kreislauf hat, auf größere **körperliche Anstrengungen** verzichten.

Auch heute **beruflich aktiv**? Der Löwemond schärft den Blick fürs Wesentliche, sodass Sie Ihre Arbeit richtig und zeitsparend angehen können.

Ein schöner Sonntag

Für Löwetage gibt es eine ganze Menge von Freizeittipps: z. B. Freunde treffen, ein Konzert besuchen, in die Disko gehen oder eine Party feiern. Wichtig ist dabei: Beherzigen Sie heute die Vorschläge Ihres Partners, auch wenn Sie ganz eigene Vorstellungen haben. Das wird Ihr Beziehungsleben intensiv auffrischen!

Zwei Menschen sind immer zwei Extreme.

Friedrich Hebbel

6
Montag

04.40

Elementengruppe: **Erde**
Besondere Nahrungsverträglichkeit: **Salz**
Beeinflusster Pflanzenteil: **Wurzel**
Dominierte Körperfunktionen: **Stoffwechsel, Verdauung**

Ernährung und Beziehungsleben

- Bitte stets beherzigen: Damit Sie an Jungfrautagen Verdauungsprobleme vermeiden können, essen Sie möglichst leicht, in mehreren kleinen Portionen und nicht zu spät.
- Vermeiden Sie jegliche Diskussion, falls sich jetzt zwischen dem Partner und Ihnen eines Ihrer typischen Reizthemen ergeben sollte!

Pflanzen vermehren und umtopfen

- Da das Frühjahr bald beginnt und der Mond zunimmt sowie absteigt, ist nun die Vermehrung durch Stecklinge begünstigt.
- Auch für das Umtopfen von Zimmerpflanzen, die nun etwas mehr Platz brauchen dürften, ist diese Mondkonstellation geradezu optimal.

7
Dienstag

13.42

Vorsicht! Vollmond kann nicht nur das Wetter, sondern auch die Stimmung schnell umschlagen lassen.

! Wenn Sie jetzt die Wünsche des anderen einfach ignorieren, hängt nicht nur heute der Haussegen schief. Bleiben Sie also verhandlungsbereit! Nur so können Sie den partnerschaftlichen Konsens auf Dauer retten.

Durch Ruhe und Geradheit geht doch alles durch.
Goethe

Ein guter Plan

Sie fragen sich, wo Sie den Abend verbringen sollen? Wählen Sie Ihr Sofa und nicht die Stammkneipe. Nur da erleben Sie jetzt die richtige Erholung!

8
Mittwoch

15.45

Internationaler Frauentag

Elementengruppe: ***Erde***
Besondere Nahrungsverträglichkeit: ***Salz***
Beeinflusster Pflanzenteil: ***Wurzel***
Dominierte Körperfunktionen: ***Stoffwechsel, Verdauung***

Power
Von 15.08 bis 17.08 Uhr gehen Mond und Pluto ein Trigon ein. Da erwacht in Ihnen trotz des fortgeschrittenen Arbeitstages ganz neue Energie, weil etwas bei Ihnen großes Interesse geweckt hat. So können Sie spielend alle Hindernisse überwinden.

Möchten Sie gleich zu Beginn der neuen Phase die ausleitende Wirkung des abnehmenden Mondes nutzen und nur etwas Leichtes genießen? Dann ist folgendes Gericht empfehlenswert. Es schmeckt köstlich und dient der Entschlackung. Zudem hebt **Ananas** den Eiweißstatus im Körper an. Und **Ingwer** fördert den Stoffwechsel.

Ananas mit Ingwer
Zutaten für 1 Person

1 kleine, reife Ananas
1 TL Zucker
1 kleines Stück Ingwer
1 Eiweiß
1 Limone
½ Bund Koriander

Zubereitungszeit: 45 Minuten, inklusive 20 Minuten Kühlzeit

1. Die Ananas sorgfältig schälen, braune Stellen und den mittleren Strunk entfernen. Die Ananas in möglichst feine Scheiben schneiden. Auf einem Teller fächerförmig ausbreiten und mit dem Zucker bestreuen. Etwa 20 Minuten kühlstellen.

2. Den Ingwer schälen und in sehr feine Würfel schneiden oder durch die Knoblauchpresse drücken.

3. Das Eiweiß steifschlagen, etwas Wasser dazugeben. Die Limone auspressen und den Saft mit dem Ingwer unter das Eiweiß rühren.

4. Den Koriander waschen, die Blättchen abzupfen, hacken und über die Ananasscheiben streuen. Zuletzt mit dem Eiweißschaum garnieren.

Elementengruppe: ***Luft***
Besondere Nahrungsverträglichkeit: ***Fett***
Beeinflusster Pflanzenteil: ***Blüte***
Dominierte Körperregionen: ***Hüfte, Nieren, Blase***

9
Donnerstag

Mond und Ernährung

- Wenn Sie eine Diät beabsichtigen, sollten Sie gleich heute damit beginnen. Die Phase des abnehmenden Mondes ist dafür nämlich bestens geeignet.
- Blumenkohl trägt u.a. hervorragend zur Entwässerung bei. Essen Sie daher an diesen Waagetagen z.B. Blumenkohl-Brokkoli-Gemüse mit Reis.

Erfolg

Bei allem, was Sie heute zu leisten haben, ist Ihnen Ihre Kreativität von Nutzen. Sie geben sich wirklich Mühe, und daher haben Sie auch Ideen.

Tipp An Waagetagen weiß man kulturelle Unternehmungen sehr zu schätzen. Vor allem einen schönen Opernabend könnten Sie jetzt genießen!

10
Freitag

! Die Scheu vor Auseinandersetzung sollte nicht zum Verdrängen der Realität führen. Ungelöste Probleme, die man heute vielleicht vergisst, sind morgen noch da. Man kann gleich etwas ändern, wenn man nur will!

Haus- und Gartenarbeit

- Die Mondkonstellation passt: Reinigen und versorgen Sie jetzt Ihre Winterschuhe, sodass Sie sie bis zum nächsten Schnee verräumen können.
- Sehen Sie wieder mal nach Ihrem Obstlager, und lüften Sie es bei trocknem Wetter ausgiebig. Sortieren Sie auch alles aus, was wegmuss.
- Egal, ob Sie an diesem Waagetag selbst backen oder kochen – Sie können damit rechnen, dass Ihnen jetzt alles gelingen wird.
- Da der Mond nun noch drei Tage lang absteigt, ist zurzeit das Aussäen von Laub- und Nadelbäumen sehr empfehlenswert. Und bei milder Witterung bringen Sie jetzt am besten gleich die robusteren Kübelpflanzen ins Freie, wo sie die Sonne verwöhnt.

11
Samstag

01.07

Elementengruppe: ***Wasser***
Besondere Nahrungsverträglichkeit: ***Kohlenhydrate***
Beeinflusster Pflanzenteil: ***Blatt***
Dominierte Körperregionen: ***Sexualorgane, Harnleiter***

! Heute besteht die Gefahr, schnell aufbrausend zu werden und Dinge zu sagen, zu denen man schon morgen nicht mehr steht. Für die man sich womöglich sogar schämt! Halten Sie also Ihr Temperament unbedingt in Zaum.

Meine Nerven!
Haushalten Sie bei diesem Mondstand mit Ihren körperlichen, aber vor allem auch mit Ihren seelischen Kräften.
Fragen Sie sich in den entscheidenden Momenten: Ist es das auch wirklich wert? Brauche ich meine Nerven nicht noch für etwas viel Wichtigeres?

Tipp Durch ein paar Geschäfte zu bummeln würde Sie heute aber nicht nerven, sondern Ihnen eher Freude bereiten und beim Abschalten helfen.

12
Sonntag

Sie suchen heute nicht bei allem das Haar in der Suppe, sondern sind offen für die **Vorschläge** anderer Menschen. Das bringt Ihnen allen etwas!

Denken Sie über das Regeln gewisser **Geldangelegenheiten** nach? Das sollten Sie besser auf den kommenden Donnerstag oder Freitag verschieben, da ist es günstiger!

Innenschau
Skorpiontage haben etwas besonders Spirituelles. Sie sollten sich daher zumindest abends in Ihre Privatsphäre zurückziehen und wieder einmal tief in sich hineinspüren.

Gib der Seele einen Sonntag
und dem Sonntag eine Seele.
Peter Rosegger

13
Montag

08.22

Elementengruppe: ***Feuer***
Besondere Nahrungsverträglichkeit: ***Eiweiß***
Beeinflusster Pflanzenteil: ***Frucht***
Dominierte Körperregionen: ***Oberschenkel, Venen***

Mond und Gesundheit

- Bei abnehmendem Mond in einem Feuerzeichen zu saunen ist sehr erholsam. Die körperliche Anstrengung ist nun nämlich geringer als sonst.
- An Schützetagen meldet sich oftmals der Ischiasnerv. Einige Heilpflanzen, wie z. B. Holunder oder Wacholder, versprechen da Linderung.

14
Dienstag

Wollen Sie einige **Beete** von Schädlingen befreien? Die Mondphase ist gut! Kräuteraufgüsse für Erde und Pflanzenstamm sind die beste Methode.

Jetzt ist es günstig, **Gehölze** gegen Pilzbefall zu behandeln. Zudem ist der Schnitt von Weinreben oder anderen Obstgehölzen empfehlenswert.

Sie brauchen in Speisekammer oder Keller mehr Platz für Ihre **Vorräte**? Räumen Sie auf, und putzen Sie bei dieser Mondkonstellation auch gleich.

15
Mittwoch

03.09

13.07

Heute besitzen Sie wahrscheinlich genug Tatkraft, aber auch Mut, um sich einem Kommunikationsproblem so zu stellen, dass Sie es lösen können.

An Schützetagen bei abnehmendem Mond hat man oft Fernweh. Daher sind sie für einen Reiseantritt ideal. Vielleicht haben Sie ja gerade Zeit?

Das Reisen lehrt Toleranz.
Benjamin Disraeli

16 Donnerstag

Elementengruppe: **Erde**
Besondere Nahrungsverträglichkeit: **Salz**
Beeinflusster Pflanzenteil: **Wurzel**
Dominierte Körperregionen: **Knie, Haut, Knochen**

Der Garten ruft

- Der momentane Mondstand ist günstig, um Wurzelgemüse ins Freiland zu setzen, z. B. Steckzwiebeln oder Sellerie.
- Jetzt sollte man auch einmal den Rasen vertikutieren. Danach können mehr Nährstoffe, aber vor allem auch Sauerstoff in das Erdreich gelangen.
- Falls Sie an diesem Erdtag Heilwurzeln ernten bzw. sammeln, ist auch das anschließende Trocknen vom Mond begünstigt.

Tatkraft

Zwischen 16.23 und 18.23 Uhr (Mond-Uranus-Trigon) können Sie sich auf Ihre Vielseitigkeit besinnen, spontan aktiv werden und einen nachhaltigen Eindruck hinterlassen.

17 Freitag

15.26

Wegweiser

In den Vormittagsstunden von 9.39 bis 11.39 Uhr (Mond-Sonne-Sextil) sollten Sie auf Ihre innere Stimme hören. Daraus ergibt sich dann eine Art Kompass für den ganzen Tag. Folgen Sie diesen Impulsen!

Mond und Körper

- Selbst wenn der Mond gerade abnimmt: Falls Sie heute Sport treiben, müssen Sie unbedingt darauf achten, dass Sie vor allem Ihre Knie nicht zu sehr belasten!
- Nützen Sie den Termin für eine Maniküre. Wenn Sie an einem Steinbocktag in dieser Mondphase Nägel schneiden, wachsen sie kräftig nach.

Freizeittipp

Mögen Sie im Theater eher die Klassiker? Lassen Sie sich auch mal auf ein modernes Stück ein! Der Steinbockmond weckt das Interesse dafür.

18
Samstag

Elementengruppe: ***Luft***
Besondere Nahrungsverträglichkeit: ***Fett***
Beeinflusster Pflanzenteil: ***Blüte***
Dominierte Körperregionen: ***Unterschenkel, Venen***

! Mit nur ein bisschen Willen schaffen Sie es heute, die eigenen Sorgen nicht so wichtig zu nehmen und auch wieder verstärkt das Positive in Ihrem Leben zu sehen. So können Sie gut abschalten und neuen Mut schöpfen.

Mond und Garten
Nützen Sie diesen Mondstand für das Kultivieren Ihrer Blumen: Jetzt ist es beispielsweise günstig, Wildrosen zurückzuschneiden oder Kletterrosen auszudünnen. Und wenn Sie eine Hecke begradigen möchten, sollten Sie ebenfalls diesen Termin wahrnehmen.

Tipp Besonders an Wassermanntagen kann man an Krampfadern oder Venenentzündungen leiden. Brennnesseltee trägt da zur Linderung bei!

19
Sonntag

16.13

Josefitag

Heute fällt es Ihnen leicht, sich für den Partner oder einen Freund einzusetzen, falls der momentan Ihre besondere **Aufmerksamkeit** braucht.

Haarpflege
Lufttage optimieren das Waschen und Pflegen der Haare. Teebaumöl hilft z. B. gegen Haarausfall, trockene und fette Haare sowie Schuppen.
Ein paar Tropfen reines Teebaumöl – in die Kopfhaut einmassiert – regen den Haarwuchs an.
Teebaumöl reguliert die Talgdrüsentätigkeit und kann deshalb gegen fettige wie trockene Haare eingesetzt werden: Hierzu je nach Haarlänge 20 bis 30 Tropfen des Öls 100 Milliliter mildem, pH-neutralem Shampoo zusetzen. Und 60 Tropfen Teebaumöl, mit 100 Milliliter pH-neutralem Shampoo vermischt, wirken intensiv gegen Schuppen.

An Wassermanntagen weiß man kulturelle Unternehmungen zu schätzen. Vor allem einen schönen **Opernabend** könnten Sie jetzt sehr genießen!

20 Montag

Frühlingsanfang

Elementengruppe: ***Wasser***
Besondere Nahrungsverträglichkeit: ***Kohlenhydrate***
Beeinflusster Pflanzenteil: ***Blatt***
Dominierte Körperregionen: ***Füße, Zehen***

Im Garten immer was zu tun

- Jetzt sollten Sie vermehrt darauf achten, dass sich keine Schnecken breitmachen. Dieser Wassertag passt gut, um Gegenmaßnahmen zu ergreifen: wie z. B. das Errichten eines Schutzzaunes aus Eierschalen.
- Wenn der März mitspielt, ist es bei dieser Mondkonstellation günstig, frühe Kohlsorten, Kopfsalat und Spargel auszupflanzen.
- Sieben Sie noch vor dem Neumond Ihren alten Kompost durch, und setzen Sie ihn mit dem im Winter gesammelten Material neu an.

Vermeiden Sie bei diesem Mondstand **ausufernde Freizeitaktivitäten**. Egal, was genau Sie vorhaben – Sie sollten es nach Möglichkeit immer sehr ruhig angehen!

21 Dienstag

18.24

17.02

Auf die Ernährung achten

- Ihr Körper wird es Ihnen danken, wenn Sie vor allem im Moment auf Genussmittel verzichten. Sie würden andernfalls nämlich die Erfahrung machen, dass der Fischemond die Wirkung verstärkt.
- Falls Sie bei dieser Mondkonstellation mehr Kohlenhydrate zu sich nehmen als üblich, können Sie davon ausgehen, dass es nicht gleich so sehr anschlagen wird.

Durchbruch

War Ihr Start in die Arbeitswoche eher behäbig? Am frühen Abend zwischen 18.24 und 20.24 Uhr herrscht eine Konjunktion von Fischemond und Sonne vor: Da können Sie dann richtig loslegen! Denn Mondstand, -phase und -aspekt lassen so richtig Ihre schöpferische Quelle sprudeln.

22
Mittwoch

Elementengruppe: ***Feuer***
Besondere Nahrungsverträglichkeit: ***Eiweiß***
Beeinflusster Pflanzenteil: ***Frucht***
Dominierte Körperregionen: ***Kopf, Gesicht***

! Man verdirbt sich nur Sympathien, wenn man sich ständig in den Vordergrund drängt, um alles zu kommentieren. Seien Sie nicht so ichbezogen, immer anzunehmen, dass Ihre Meinung wirklich jeden und jederzeit interessieren muss.

Gesichtsmasken zur Hauternährung und -straffung haben dank Mondphase und -stand nun die allerbeste Wirkung. Ebenso Gesichtsmassagen!

Die jetzige Mondkonstellation sollte genutzt werden, um die **Jungruten** von Brom-, Johannis- und Stachelbeeren aufzuleiten und anzubinden. Dieser Feuertag ist auch günstig, falls Sie momentan **Fruchtgemüse** oder **Obst** einfrieren bzw. einkochen möchten, weil es sehr schmackhaft bleibt.

23
Donnerstag

19.43

Die Zeit an und kurz nach Neumond ist ideal, um **etwas Neues** anzugehen. Besprechen Sie mit Kollegen jetzt z. B. schon mal die kommenden Projekte.

! Versuchen Sie heute in jeder Situation möglichst gelassen zu bleiben – ob bei einer unangenehmen oder auch freudigen Überraschung. Das ist nämlich die Voraussetzung dafür, angemessen reagieren zu können.

Privatleben
Heute ist einer jener Widdertage, die in Ihnen sehr große Leidenschaft für den anderen entfachen können. Geben Sie Ihren Impulsen einmal nach! Und wenn Sie bei der Abendgestaltung nicht nur an Ihre eigenen Interessen denken, wird das, was Sie erleben, zu einem unvergesslichen Ereignis.

Jeder hat nur ein Leben. Manche leben nicht einmal das.

Edith Linvers

24
Freitag

Elementengruppe: ***Erde***
Besondere Nahrungsverträglichkeit: ***Salz***
Beeinflusster Pflanzenteil: ***Wurzel***
Dominierte Körperregionen: ***Kiefer, Hals, Nacken***

Sich schützen
An Erdtagen herrscht ein eher kühles Mikroklima. Berücksichtigen Sie das unbedingt, wenn Sie am Morgen vor dem Schrank stehen und Ihre Kleidung auswählen.

Sich sorgen
- Sie befassen sich zurzeit mit einem Immobilienkauf? Rechnen Sie bei dieser Mondkonstellation nochmals Ihre Finanzen durch, dann sehen Sie klar.
- Nehmen Sie sich am Abend genügend Zeit für Ihre Familie und deren Belange. Unternehmen Sie etwas Schönes, hören Sie sich aber auch aufmerksam eventuelle Probleme an.

25
Samstag

Auf Erfolgskurs
An diesem Erdtag sind die Aussichten bei Budgetplanung, Versteigerung und Verkauf ziemlich erfolgversprechend.

Gartenarbeit
- Auf das späte Märzwetter ist einfach kein Verlass! Falls es zurzeit sehr trocken ist, müssen Sie Ihren Garten wässern – vor allem die ganz jungen Pflanzen.
- Auch zu diesem Zeitpunkt kann die Frühjahrspflanzung von Nektarine, Aprikose, Pfirsich und Quitte noch erfolgreich vorgenommen werden.

Mondpause
Sie beginnt um 17.20 Uhr und dauert knapp achteinhalb Stunden lang. Nutzen Sie gleich die Zeit bis 19.20 Uhr, um wieder einmal Ihren unerfüllten Wünschen nachzuspüren. Die Erkenntnisse, die Sie dabei gewinnen können, werden Ihnen viel Neues verraten.

26
Sonntag

Beginn der Sommerzeit

Elementengruppe: ***Luft***
Besondere Nahrungsverträglichkeit: ***Fett***
Beeinflusster Pflanzenteil: ***Blüte***
Dominierte Körperregionen: ***Schultern, Arme, Hände***

01.43

Mond und Garten

- Nun können kälteunempfindliche Sommerblumen – wie Goldmohn, Strohblume, Bechermalve, Sonnenblume – schon im Freien ausgesät werden.
- Der zunehmende Mond im Luftzeichen Zwillinge begünstigt jetzt die Aussaat von Artischocken. Allerdings sollte das noch im Warmen geschehen.

27
Montag

Gute Kommunikation

- Egal, ob im Umgang mit guten Bekannten oder bei flüchtigen Kontakten – Sie werden sich heute allen durch Ihre besondere Präsenz einprägen.
- An diesem Zwillingetag gelingt es Ihnen, bei einem zufällig entstehenden Geschäftskontakt einen sehr starken Eindruck zu hinterlassen.

Tipp Sorgen Sie in Ihren vier Wänden für frischen Blumenschmuck, der, falls erst an diesem Blütentag geschnitten, recht lange halten wird.

28
Dienstag

Mond und Gesundheit

- Muss Ihnen ein Zahn gezogen werden? Bei zunehmendem Mond an Lufttagen ist das nicht zu empfehlen. Besser einen anderen Termin wählen!
- Verspannungen im Schulterbereich? Da helfen bei dieser Mondkonstellation meist einfache Gymnastikübungen.

Tipp Wer Küchenkräuter auf der Fensterbank zieht, hat am Vormittag dieses Zwillingetags eine gute Gelegenheit, schmackhafte Blüten zu ernten.

12.23

29
Mittwoch

04.34

Elementengruppe: ***Wasser***
Besondere Nahrungsverträglichkeit: ***Kohlenhydrate***
Beeinflusster Pflanzenteil: ***Blatt***
Dominierte Körperregionen: ***Magen, Lunge, Galle, Leber***

Sich schonen
Während dieser Mondkonstellation ist es angeraten, beim Konsum von Fett und Alkohol aufzupassen, weil Leber und Galle nun sehr empfindlich sind.

Perspektiven

- An Krebstagen ist man meist besonders kommunikativ. Daher sind jetzt Verwandtschaftsbesuche und das Pflegen von Bekanntschaften günstig.
- Diese Tage sind aber auch geeignet, um Probleme in Partnerschaft oder Familie zu regeln. Vorausgesetzt, man hört gut zu und urteilt fair!

Tipp Verschieben Sie das Schreiben einer Bewerbung auf die kommenden Löwetage. Dann fällt Ihnen wahrscheinlich ein originellerer Text ein!

30
Donnerstag

Blattgemüse und Kräuter

- Bei der Ansaat von Blattgemüsen wie Kohlrabi, Mangold, Sommerendivie oder Spinat muss man darauf achten, dass der Krebsmond zunimmt.
- Der momentane Mondstand begünstigt es auch, einjährige Kräuter zu säen: Da gibt es beispielsweise Petersilie, Dill oder auch Schnittlauch.

Mondpause
Sie beginnt um 15.47 Uhr und zieht sich knapp neun Stunden lang hin.
Beruflich: Engagieren Sie sich weiterhin für ein Projekt, das für Ihr Team wichtig ist, zu dem die Meinungen aber sehr auseinandergehen.
Privat: Sie sollten sich am Abend dieses Krebstages genug Zeit für Kontemplation, Meditation, Yoga und dergleichen mehr einräumen.

Das Universum ist ein Gedanke Gottes.
Schiller

Elementengruppe: ***Feuer***
Besondere Nahrungsverträglichkeit: ***Eiweiß***
Beeinflusster Pflanzenteil: ***Frucht***
Dominierte Körperregionen, -funktionen: ***Herz, Kreislauf, Blutdruck***

31
Freitag

00.32

Obst und Gemüse

- Jetzt ist die Mondkonstellation günstig, um Obstbäume zu veredeln. Vor allem bei Kirsch- und Zwetschgenbäumen wird das erfolgreich sein.
- Zudem kann man nun Mark-, Pal- und Zuckererbsen sowie Puffbohnen gut im Freien aussäen.

1
Samstag

Nehmen Sie **Medikamente** nie (vor allem nicht bei zunehmendem Mond) so ein, wie Sie es für richtig halten, sondern stets nach Anweisung des Arztes.

Vielleicht treiben Sie in Ihrer Freizeit ja **Sport**! Überanstrengen Sie sich aber nicht, denn heute könnte es leicht zu Kreislaufproblemen kommen.

Keine Lust, groß zu kochen oder essen zu gehen? Dann nehmen Sie doch einen gedünsteten Maiskolben mit Butter zu sich! Mais kräftigt das **Herz**.

2
Sonntag

Palmsonntag

Mond und Lebensart

Auf eine Party zu gehen oder in einem anderen Rahmen Menschen zu treffen wäre heute eine schöne Art der Zerstreuung. Der Löwemond entfacht aber auch andere Leidenschaften, weckt in einem den Lebenskünstler. Krönen Sie den Tag doch mit dem Besuch eines eleganten Restaurants. Und warum nicht danach noch der Hochkultur frönen, z. B. in die Oper gehen? Beim jetzigen Mondstand werden Sie alles sehr genießen können!

12.58

3
Montag

Elementengruppe: ***Erde***
Besondere Nahrungsverträglichkeit: ***Salz***
Beeinflusster Pflanzenteil: ***Wurzel***
Dominierte Körperfunktionen: ***Stoffwechsel, Verdauung***

Konfliktpotenzial
Jungfrautage sind für das Beziehungsleben nicht gerade die harmonischste Zeit. Wahren Sie also genug Distanz, um den Frieden zu sichern! Akzeptieren Sie's z. B., wenn Ihr Partner heute seine eigenen Wege gehen will. Nur so ist eine völlig unnütze Auseinandersetzung zu vermeiden.

Wer lächelt, statt zu toben, ist immer der Stärkere.

Meng Dse

Wissensdurst
Falls Sie noch für einen Kurs lernen müssen, sollten Sie diesen Tag nutzen. Sie kommen nicht nur gut voran, sondern es macht auch Spaß!

4
Dienstag

23.52

Mond und Ernährung
Bei zunehmendem Mond in der Jungfrau können vermehrt Verdauungsprobleme auftreten. Essen Sie daher ballaststoffreiche und möglichst leichte Kost, z. B. Knäckebrot, Äpfel, Leinsamen oder Erbsen.

Besorgungen und Gartenarbeit
- Der Jungfraumond unterstützt Sie dabei, sehr bewusst einzukaufen und sich auch die nötige Zeit für einen genauen Preisvergleich zu nehmen.
- Nun passen Jahreszeit und Mondkonstellation perfekt zusammen, um Laub- und Nadelbäume sowie immergrüne Gehölze zu pflanzen.

Mondpause
Sie setzt um 15.51 Uhr ein und dauert acht Stunden.
Blättern Sie abends Urlaubsprospekte durch. Dabei gehen Sie in Gedanken schon mal auf Reisen und machen Ihre ersten Pläne für den Sommer!

April

5
Mittwoch

Elementengruppe: ***Luft***
Besondere Nahrungsverträglichkeit: ***Fett***
Beeinflusster Pflanzenteil: ***Blüte***
Dominierte Körperregionen: ***Hüfte, Nieren, Blase***

! Sie sollten nicht gerade heute davon ausgehen, dass auch ohne Vorarbeit alles klappen wird. Sie dürfen nicht einfach auf einen glücklichen Zufall hoffen, sondern müssen selbst für eine Situation sorgen, in der nichts schieflaufen kann.

Schließen Sie heute Ihre **Umtopfarbeiten** ab. Die Zeit ab morgen ist dafür unpassend (Vollmond, abnehmender und schließlich aufsteigender Mond).

Morgen ist Vollmond. Deshalb sind momentan all jene Maßnahmen, die zur **Ernährung der Haut** beitragen, ganz besonders effektiv. Und verwöhnen Sie sich auch noch mit einem ausgiebigen Schönheitsbad. Sie werden merken: Zu diesem Zeitpunkt wirkt es noch mal so stark!

6
Donnerstag

06.36

Gründonnerstag

Heute beginnt um 14.44 Uhr eine etwa 18 Stunden lange **Mondpause**. Das Motto dieses Gründonnerstags könnte also **Nachdenken** sein:

- Wer momentan mit so manchem im Job hadert, sollte sich jetzt einmal mit sehr viel selbstkritischer Offenheit über Gründe und Zusammenhänge intensive Gedanken machen. An diesem Waagetag kann man vieles mit dem Verstand ausbalancieren.
- Reflektieren Sie mal am Abend ausführlich Ihre jüngsten Entscheidungen, bei denen es um private Kontakte ging. Welcher Entschluss war gut, welcher eher falsch?

Ein Mensch ist,
was er den ganzen Tag lang denkt.
Ralph Waldo Emerson

7 Freitag

Karfreitag

Elementengruppe: **Wasser**
Besondere Nahrungsverträglichkeit: **Kohlenhydrate**
Beeinflusster Pflanzenteil: **Blatt**
Dominierte Körperregionen: **Sexualorgane, Harnleiter**

08.30

Skorpionmond, Leib und Seele

- Entspannen Sie gleich am Morgen mit einem Baldrianbad: 3 EL Tinktur aus diesem Kraut im Badewasser wirken ungemein beruhigend.
- Reservieren Sie sich heute auch viel Zeit für die Auseinandersetzung mit sich selbst. Vertiefen Sie einmal Gedanken, die Sie sonst eher abblocken.

8 Samstag

Skorpionmond, Haushalt und Garten

- Müssen Sie noch ein paar Osterbesorgungen machen? Skorpiontage sind für einen Einkaufsbummel durchaus günstig. Aber üben Sie unbedingt Vorsicht vor einem Kaufrausch!
- Grundregel beim Blumengießen: Pflanzen an kühlen, schattigen Plätzen brauchen weniger Wasser als die an den warmen Standorten.
- Der abnehmende Mond durchläuft den Skorpion, d.h., er steigt auch ab. Diese Konstellation ist günstig, um Gründüngung zu säen oder in die Beete einzuarbeiten.

9 Sonntag

Ostersonntag

Lass dich in deiner Ruhe nicht stören, holder Stern,
wenn unter dir es gärt und trüb ist!

Friedrich Hölderlin

An Wassertagen ist man für **spirituelle Impulse** besonders empfänglich – so herrscht heute die passende Osterstimmung. Schöpfen Sie neue Kraft! Wenn Sie z. B. zwischen 7.51 und 9.51 Uhr tief in sich hinein und zugleich auf die Welt blicken, regt das Geist sowie Seele gleichermaßen an.

14.58

10 Montag

Ostermontag

Elementengruppe: ***Feuer***
Besondere Nahrungsverträglichkeit: ***Eiweiß***
Beeinflusster Pflanzenteil: ***Frucht***
Dominierte Körperregionen: ***Oberschenkel, Venen***

Gönnen Sie sich ein **ausgiebiges Frühstück** mit allen Finessen. Überlegen Sie dann, wo Sie essen gehen. Aber denken Sie nicht an den Haushalt.

Gesunde Ernährung beim jetzigen Mondstand wäre z. B. Wild oder Karpfen mit muskelstärkenden Gemüsen, wie Brokkoli, Mais und Kartoffeln.

Mond und Witterung
An diesem Feuer- oder Wärmetag kann das Wetter recht mild sein. Ob Osterspaziergang, längerer Ausflug oder kleine Reise – der Schützemond begünstigt alles. Denn nun herrscht eine angenehme klimatische Grundstimmung vor – auch dann, wenn der längerfristige Wettercharakter eher unfreundlich sein sollte.

11 Dienstag

19.34

! Heute laufen Sie Gefahr, an die Menschen in Ihrem Umfeld zu hohe Anforderungen zu stellen. Fragen Sie sich daher zuerst selbst, ob auch Sie zu all dem fähig wären, was Sie von den anderen ganz automatisch erwarten.

Haus und Garten
- Jetzt sind unterschiedlichste Reinigungsarbeiten (z. B. Fenster putzen oder Geschirr polieren), aber auch das Einlagern von Vorräten günstig.
- Das Schneiden von Obstgehölzen und die Bekämpfung oberirdischer Schädlinge werden von dieser Mondkonstellation sehr unterstützt.

Falls Sie sich mit dem Partner gezankt haben sollten, bietet dieser Schützetag eine wirklich gute Gelegenheit, um wieder Frieden zu schließen!

Wo Liebe ist, da ist Versöhnung leicht.
Robert Grimes

12
Mittwoch

Elementengruppe: ***Erde***
Besondere Nahrungsverträglichkeit: ***Salz***
Beeinflusster Pflanzenteil: ***Wurzel***
Dominierte Körperregionen: ***Knie, Haut, Knochen***

Obwohl die Mondphase dafür grundsätzlich günstig ist, sollten Sie nun keinen **Eingriff** in den Bereichen Knie, Haut, Knochen vornehmen lassen.

Wenn der abnehmende Mond ein Erdzeichen durchwandert, ist die allerbeste Zeit, um wieder mal die Beete mit frischem **Mulch** zu versorgen.

Probleme im **Team**? Steinbocktage fördern die notwendige Umsicht, damit Konflikte konstruktiv beendet werden können. Gehen Sie's an!

Es wäre für Sie viel entspannender, sich am heutigen Abend nur dem süßen **Nichtstun** zu widmen, als ein buntes Freizeitprogramm zu absolvieren.

13
Donnerstag

11.13

22.43

Typischer Steinbockeinfluss
Heute fällt es Ihnen leicht, diszipliniert alles wegzuarbeiten, was nun wirklich nicht mehr aufgeschoben werden kann. So haben Sie ab morgen den Kopf wieder frei für neue Aufgaben.

Für eine baldige Ernte
- Der abnehmende Mond steht im Steinbock: Nun ist z. B. das Säen bzw. Setzen von Wurzelgemüse begünstigt, wie Lauch oder Radieschen.
- Nun ist auch die beste Zeit, um die Beete ausgiebig mit frischem Mulch zu versorgen.

Auf ruhigem Grund
Ihr Beziehungsleben ist an diesem Steinbocktag zwar nicht besonders aufregend, dafür aber sehr vertraut sowie konfliktlos. Das macht Sie spürbar ruhig und zufrieden.

April

14 Freitag

Elementengruppe: **Luft**
Besondere Nahrungsverträglichkeit: **Fett**
Beeinflusster Pflanzenteil: **Blüte**
Dominierte Körperregionen: **Unterschenkel, Venen**

! In Momenten des Zweifelns sollten Sie heute für ein paar Minuten konzentriert in sich hineinhören. Dann kommt mit Sicherheit schnell Ihr Optimismus zurück. Und Sie können sogar wieder richtige Zufriedenheit empfinden.

In gutem Einvernehmen
Bei Verhandlungen haben Sie nun aufgrund des momentanen Mondstands keine wesentlichen Schwierigkeiten zu erwarten, wenn Sie nicht verbissen an zweitrangigen Zielen festhalten.

In guter Gesellschaft
Falls Sie die Gelegenheit haben, etwas mit Freunden zu unternehmen, die Sie länger nicht mehr gesehen haben, sollten Sie sie unbedingt nützen!

15 Samstag

Mond und Gesundheit
- Wer Venenleiden zu beklagen hat, spürt dies an Wassermanntagen besonders. Präparate mit Rosskastanie oder Arnika können das lindern.
- Erschlägt Sie auf dem Markt oder im Restaurant schier die Riesenauswahl an Gemüse? Nehmen Sie Brokkoli, der ist jetzt am bekömmlichsten!

Mond und Garten
- Ob Hecken, Ziergehölze oder Rosen – falls sie einen Schnitt nötig haben, ist die jetzige Mondkonstellation dafür sehr empfehlenswert.
- Das eine oder andere ist mittlerweile sicher erntereif. Da der Mond im Wassermann steht, ist dies ein guter Erntetag. Denn die optimale Erntezeit ist immer bei aufsteigendem Mond gegeben, also wenn er die Zeichen Schütze bis Stier durchläuft. Allerdings sollten Sie an Fischetagen Geerntetes nicht einlagern oder konservieren (wegen erhöhter Schimmelgefahr!), sondern immer gleich verzehren.

16
Sonntag

Elementengruppe: ***Wasser***
Besondere Nahrungsverträglichkeit: ***Kohlenhydrate***
Beeinflusster Pflanzenteil: ***Blatt***
Dominierte Körperregionen: ***Füße, Zehen***

00.58

Gut für Körper und Geist

- Beim jetzigen Mondstand sind beruhigende Vollbäder und entspannende Fußbäder zu empfehlen. Die Fußnagelpflege ist aber ungünstig.
- Lassen Sie diesen Fischetag mit Musik ausklingen, die Sie beruhigt. Dabei können Sie wunderbar abschalten bzw. Ihre Gedanken ordnen.

Sucht den ruhenden Pol in der Erscheinungen Flucht.
Schiller

Ob Sie zwischen 19.50 und 21.50 Uhr (Mond-Mars-Trigon) mit der Familie zusammen sind oder sich mit Freunden treffen – die Stimmung ist sehr herzlich und schweißt alle noch ein Stück mehr zusammen.

17
Montag

Im Garten viel zu tun

- Nachdem der Mond momentan noch abnimmt, ist heute das Pflanzen von Spargel, Kopfsalat, Rot- oder auch Weißkohl begünstigt.
- Dieser Wassertag ist günstig für das Rasenmähen. Der Vorteil, wenn dies in der jetzigen Mondphase geschieht: Das Gras wird dann nämlich nicht so schnell nachwachsen.

Gewusst wie

- Führen Sie ein Gespräch für den Ausbau eines Geschäftskontakts nicht unbedingt heute, sondern eher donnerstags oder freitags bei Stiermond.
- Folgen Sie keinen momentanen Launen. Überlegen Sie gut, ob Sie es sich leisten können, vor allem auf die eigenen Bedürfnisse zu achten!
- Sich am Abend nur zurückzuziehen und zu grübeln würde Ihnen kaum guttun. Machen Sie etwas, das Sie zerstreut. Gehen Sie z. B. ins Kino.

18
Dienstag

Elementengruppe: ***Feuer***
Besondere Nahrungsverträglichkeit: ***Eiweiß***
Beeinflusster Pflanzenteil: ***Frucht***
Dominierte Körperregionen: ***Kopf, Gesicht***

03.10

- Schnell gereizt, wenn Sie nicht bekommen, was Sie wollen? Dann überlegen Sie nun mal, wie Sie diesbezüglich an sich arbeiten können!
- Werten Sie es als Zeichen, wenn Sie beim jetzigen Mondstand etwas veranlasst, darüber nachzudenken, ob Sie im Job zu wenig flexibel sind.

Selbstbehauptung

Zwischen 17.48 und 19.48 Uhr (Mond-Venus-Sextil) bilden Sie sich in Ruhe eine unabhängige Meinung, bevor Sie in einer dringenden Sache entscheiden. So bleiben Sie fair und machen keine Fehler.

Selbstdenken ist der höchste Mut.
Bettina von Arnim

19
Mittwoch

Sensibilität an Widdertagen

- Bei diesem Mondstand sind die Augen erfahrungsgemäß sehr empfindlich. Vergessen Sie nicht Ihre Sonnenbrille mitzunehmen, falls Sie heute draußen viel unterwegs sind!
- Wer an Migräne leidet, sollte an einem Widdertag auf Schokolade, Kaffee, Alkohol oder ähnliche Genussmittel verzichten. Das verringert das Risiko von Beschwerden.

Haus und Garten

- Wenn der abnehmende Mond in einem Feuerzeichen steht, sind viele Hausarbeiten günstig: z. B. Fenster putzen oder Böden wischen.
- Der Komposthaufen sollte nie völlig austrocknen. Wässern Sie ihn, falls nötig, und bedecken Sie ihn dann mit etwas Rasenschnitt.
- Bringen Sie wieder mal das Bettzeug auf Balkon oder Terrasse, damit es richtig auslüften kann. Der Mond sorgt heute für besondere Frische.

20
Donnerstag

06.14

06.31

Elementengruppe: **Erde**
Besondere Nahrungsverträglichkeit: **Salz**
Beeinflusster Pflanzenteil: **Wurzel**
Dominierte Körperregionen: **Kiefer, Hals, Nacken**

Ein leichtes und zugleich entschlackendes Essen an diesem Neumondtag ist diese besonders schmackhafte Suppe. Zudem stimulieren Rote Beten die Produktion von roten Blutkörperchen, fördert Lauch die Durchblutung und beugen Zwiebeln Infekten vor.

Rote-Bete-Suppe mit Schnittlauch
Zutaten für 1 Person

1 Rote Bete (Fertigprodukt)
1 kleine Stange Lauch
1 Schalotte
2 TL Olivenöl
⅛ l Rote-Bete-Saft
1 Bund Schnittlauch
50 g saure Sahne
2 TL Zitronensaft
Salz, Pfeffer

Zubereitungszeit: 30 Minuten

1. Die Rote Bete in Scheiben und diese in kleine Würfel schneiden. Die Schalotte schälen und würfeln. Den Lauch putzen und in sehr feine Scheiben schneiden.

2. Das Olivenöl erhitzen, die Schalottenwürfel darin andünsten, den Saft, die Rote Bete und den Lauch hinzufügen und 10 Minuten köcheln lassen.

3. Den Schnittlauch waschen, trocken schleudern und fein schneiden.

4. Die saure Sahne mit dem Zitronensaft in die Rote-Bete-Suppe rühren, mit Salz und Pfeffer abschmecken.

April

21
Freitag

Elementengruppe: ***Erde***
Besondere Nahrungsverträglichkeit: ***Salz***
Beeinflusster Pflanzenteil: ***Wurzel***
Dominierte Körperregionen: ***Kiefer, Hals, Nacken***

Ernten ...
Jetzt sind Kopfsalat, Kresse, Radieschen und Rettich sicher schon so weit, dass sie geerntet werden können. Nützen Sie die erst mal letzten zwei Tage des aufsteigenden Mondes dafür.

... und essen
Frisch geerntetes Gemüse schmeckt natürlich noch mal so gut! Der Tagestipp für Ihren Speiseplan ist ganz einfach zuzubereiten, aber sehr lecker und gesund: Kressequark mit Radieschen.

- **Kresse** trägt zur Vorbeugung von Kropferkrankungen bei.
- **Radieschen** desinfizieren die Mundschleimhaut.

22
Samstag

12.12

Vor allem bei dieser Mondkonstellation hilft gegen **Zahnfleischentzündung** Gurgeln mit Salbeiöl und gegen Halsschmerzen Gurgeln mit Blutwurztee.

Falls immer noch Bedarf besteht, sollten Sie nun die fehlenden **Sämereien** und Pflanzen in der Gärtnerei oder beim Versandhandel bestellen.

Es ist von Vorteil, hin und wieder durch alle Räume zu gehen und dort konsequent jegliche Unordnung zu beseitigen. Beim jetzigen Mondstand fällt es umso leichter.

Stiertage fördern allgemein die Sinnlichkeit, so auch die Lust auf das Erleben von **Natur**. Wie wär's mit einem Ausflug, wenn das Wetter mitspielt?

Der Mensch ist eine Natur in der Natur.
Hugo Kükelhaus

23 Sonntag

Welttag des Buches

Elementengruppe: ***Luft***
Besondere Nahrungsverträglichkeit: ***Fett***
Beeinflusster Pflanzenteil: ***Blüte***
Dominierte Körperregionen: ***Schultern, Arme, Hände***

Für Schönes sorgen

- Wer für das kommende Jahr zweijährige Blumen ziehen möchte, sollte den heutigen Mondeinfluss nutzen und sie bereits in Schalen ansäen.
- Möchten Sie wieder mal ältere Stauden teilen bzw. verpflanzen oder z. B. auch Lilien pflanzen? Die jetzige Mondkonstellation begünstigt dies alles.

Das Schöne genießen

- Ist es für Sie gerade sehr wichtig, Ihre besonders lieben Kontakte zu pflegen? Das dürfte am Zwillingemond liegen. Greifen Sie zum Telefonhörer!
- Wie wäre es als Höhepunkt des Tages mit einem Opern- oder Theaterabend? Danach lassen Sie dann alles noch bei einem Drink in einer eleganten Bar ausklingen.

24 Montag

21.00

Und weiter mit der Gartenarbeit

Bei zunehmendem Mond in einem Luftzeichen ist beispielsweise das Setzen von rankenden Gewächsen und das Veredeln von Rosen begünstigt.

Überlegtes Handeln

- In einer Beziehung ist es wichtiger, dem anderen zu vertrauen, als jede Kleinigkeit genau zu verstehen. Und das sollten Sie an diesem Zwillingetag auch wirklich zu leben versuchen.
- Sie wollen mit Freunden etwas unternehmen, sind sich beim Programm aber nicht richtig einig? Bedenken Sie unbedingt: Das Gemeinschaftserlebnis ist heute vorrangig!

Alles Leben, auch nur eine Minute,
hat ewige Gesetze hinter sich.

Jean Paul

April

25
Dienstag

Elementengruppe: **Wasser**
Besondere Nahrungsverträglichkeit: **Kohlenhydrate**
Beeinflusster Pflanzenteil: **Blatt**
Dominierte Körperregionen: **Magen, Lunge, Galle, Leber**

Ernährung

- Frisch geerntete Blattkräuter, die Sie bei dieser Mondkonstellation für die feine Küche verwenden, schmecken bedeutend intensiver.
- Essen Sie besonders an Krebstagen Gemüse, welche die Magenschleimhaut schützen bzw. aufbauen: z. B. Grünkohl, Spinat oder Spargel.

Krebsmond und Seelenheil

- Jetzt ist es besser, seinen Ärger nicht einfach nur runterzuschlucken, sondern sich bewusst zur Wehr zu setzen. Dann schlägt einem auch weniger auf den Magen!
- Neue Kraft sammeln: Kommen Sie spätestens am Abend zur Ruhe, meditieren Sie, denken Sie über den Tag nach, oder träumen Sie vor sich hin.

26
Mittwoch

Garten

Nun ist es beispielsweise sehr günstig, Folgekulturen von Endivien, Fenchel, Mangold und Blattkräutern auszusäen. Sie werden prächtig gedeihen.

Krebsmond und Liebe

Überraschen Sie den Partner wieder mal durch eine Geste, mit der er wirklich nicht gerechnet hat. Das schweißt Sie vor allem bei diesem Mondstand noch enger zusammen!

Die Liebe ist die Poesie der Sinne.

Honoré de Balzac

Verlässlichkeit

Nützen Sie den Krebsabend, um einen Besuch abzustatten, den Sie schon lange versprochen haben. Es wird sicher alles harmonisch verlaufen!

27
Donnerstag

23.21

08.31

Elementengruppe: ***Feuer***
Besondere Nahrungsverträglichkeit: ***Eiweiß***
Beeinflusster Pflanzenteil: ***Frucht***
Dominierte Körperregionen, -funktionen: ***Herz, Kreislauf, Blutdruck***

Anbau

- Mondphase und -stand sind besonders gut geeignet, um Kiwi, Beerensträucher, aber auch Wein zu pflanzen.
- Und auch das Säen bzw. Pflanzen oder Legen von Auberginen, Tomaten, Bohnen, Gurken, Kürbis und Zucchini ist jetzt sehr günstig.

28
Freitag

Kontakte

- Der jetzige Mondstand trägt dazu bei, dass sehr starke Emotionen die Partnerschaft und den Umgang mit anderen Menschen prägen.
- Nun strotzt man auch meist vor Selbstbewusstsein, sollte aber versuchen, sich zurückzunehmen und verständnisvoll zu handeln.

Das Leben ist ein ständiger Austausch.
Yehudi Menuhin

29
Samstag

21.00

Gesund essen

Bei der momentanen Mondkonstellation wäre ein besonders gesunder Ernährungsbeitrag z. B. Vollkornnudeln mit Auberginen, Zucchini oder rotem Gemüse (wie roten Bohnen, Paprika, Tomaten):

- **Rote Bohnen** kräftigen Herz sowie Kreislauf.
- **Paprika** aktiviert den Eiweißstoffwechsel und stärkt das Herz.
- **Tomaten** helfen erfahrungsgemäß gegen chronische Müdigkeit und kräftigen auch das Herz.

30 Sonntag

Walpurgisnacht

Elementengruppe: **Erde**
Besondere Nahrungsverträglichkeit: **Salz**
Beeinflusster Pflanzenteil: **Wurzel**
Dominierte Körperfunktionen: **Stoffwechsel, Verdauung**

Vorsichtig bleiben
Wer heute nur versucht, seinen Kopf durchzusetzen, und die Wünsche des Partners ignoriert, darf sich nicht über schlechte Stimmung wundern!

Aktiv werden
Bei Ihnen sollten Kübelpflanzen oder Ziergehölze umgesetzt werden? Jetzt ist hinsichtlich der Mondkonstellation der allerbeste Termin dafür.

Ausgleich schaffen
Sorgen Sie heute durch Radfahren oder Spazierengehen noch für genug Bewegung im Freien. Danach fühlen sich Körper und Seele mit Sicherheit bedeutend besser.

1 Montag

Maifeiertag

Ernährungstipps für diesen Mondstand

- Wenn der Mond in Jungfrau, Stier oder Steinbock steht, werden Salze gut aufgenommen. Bei Bluthochdruck aber trotzdem nicht zu hoch dosieren!
- Die Obst- bzw. Gemüseempfehlungen für diesen Jungfrautag sind: Heidelbeeren sowie Sellerie. Sie beugen Verdauungsstörungen vor und stärken die Nerven.

Lust auf einen Maiausflug?
Falls ja, sollten Sie auch auf diese Erfahrungen achten!
An den Tagen, an denen der Mond in einem Erdzeichen steht, herrscht ein kühles Mikroklima vor, auch wenn die Lufttemperaturen hoch sein sollten. Ziehen Wolken auf, macht sich die Abkühlung deutlicher bemerkbar als an anderen Tagen. Man fröstelt dann schneller.
Die Erde wirkt sehr kühl, und man tut gut daran, eine dicke Decke und auch einen Pulli mitzunehmen, wenn man sich z. B. auf eine Wiese legen will.

2 Dienstag

08.10

Elementengruppe: **Luft**
Besondere Nahrungsverträglichkeit: **Fett**
Beeinflusster Pflanzenteil: **Blüte**
Dominierte Körperregionen: **Hüfte, Nieren, Blase**

Haus und Garten

- Sie möchten für die kühlen Abende vorsorgen? Vorsicht! Kaminholz, das Sie bei dieser Mondkonstellation einschlagen, wird nicht gut brennen.
- Wer beim jetzigen Mondstand Rhododendren und Koniferen pflanzt, kann davon ausgehen, dass sie besonders schön gedeihen werden.

3 Mittwoch

! Was heute zählt, ist, fest an Ihren Plan zu glauben und sich von niemandem einreden zu lassen, dass er eh nicht realisiert werden kann. Denn nur dann haben Sie die nötige seelische Energie, um sich für Ihr Ziel so einzusetzen, wie es nötig ist!

Vorsicht angeraten

Falls Sie Stoffwechselprobleme haben, sollten Sie vor allem bei zunehmendem Mond in einem Luftzeichen darauf achten, dass Sie nicht zu fett essen.

4 Donnerstag

16.33

Disziplin

Routinearbeiten fallen an Waagetagen besonders schwer. Da fühlt man sich meistens zu Kreativerem berufen. Aber auch die sollten Sie heute vorbildlich erledigen, sonst kommt es womöglich zu ärgerlichen Pannen.

Gefahr

Solange die Eisheiligen (ab nächsten Donnerstag) nicht vorüber sind, kann es nochmals zu Nachtfrost kommen. Decken Sie empfindliche Pflanzen ab!

18. Woche 2023

Mai

5
Freitag

19.35

Elementengruppe: ***Wasser***
Besondere Nahrungsverträglichkeit: ***Kohlenhydrate***
Beeinflusster Pflanzenteil: ***Blatt***
Dominierte Körperregionen: ***Sexualorgane, Harnleiter***

! Sie sollten heute nicht annehmen, dass ohne Sie nichts funktioniert. Sie könnten nämlich schnell und schmerzhaft eines Besseren belehrt werden. Die Enttäuschung würde ziemlich nachwirken.

Aufgeheizte Stimmung

- Bei Vollmond im Skorpion ist von heißer Leidenschaft bis kalter Ablehnung alles drin. Sie sollten jetzt in Dingen Privatleben besser nichts entscheiden!
- Außerdem tun Sie heute gut daran, wenn Sie nicht gleich bei jeder Bemerkung über Sie das Indiz für eine Verschwörung erkennen.

Glück und Laune regieren die Welt.
François de La Rochefoucauld

6
Samstag

22.05

Gartenarbeit

Kopfende Salatsorten können nun schon direkt ins Beet gesät werden. Und für die Schneckenbekämpfung ist heute auch ein optimaler Mondtermin!

Freizeit und Entspannung

Skorpiontage sind erfahrungsgemäß für stressige Freizeitaktivitäten weniger geeignet. Zurückgezogenheit, etwas Meditation, ein ausgiebiges Bad zur körperlich-seelischen Entspannung sind da viel eher angesagt.

Baldrianbad 3 Esslöffel Baldriantinktur im Vollbad beruhigen strapazierte Nerven und mindern Einschlafschwierigkeiten.
Fenchelbad Der Kräuteraufguss aus 100 Gramm Fenchel wirkt als Badezusatz äußerst entspannend.

7 Sonntag

Elementengruppe: **Feuer**
Besondere Nahrungsverträglichkeit: **Eiweiß**
Beeinflusster Pflanzenteil: **Frucht**
Dominierte Körperregionen: **Oberschenkel, Venen**

! Machen Sie nicht den Fehler, auf etwas, das Sie ärgert, spontan zu reagieren. Versuchen Sie, eventuelle Aggressionen zu unterdrücken und erst mal die Zusammenhänge zu verstehen. Entscheiden Sie dann später, wie Sie sich verhalten werden!

Mond und Gesundheit

Nützen Sie diese Mondphase, um bei einer Blutreinigungskur (z. B. mit Brennnessel- oder Löwenzahntee) besonders gute Ergebnisse zu erzielen.

Die **Brennnessel** wird gegen Hautkrankheiten (z. B. Akne und Ekzeme), bei Magen-Darm-Katarrhen, bei Asthma, Gicht oder Prostataleiden eingesetzt. Sie ist auch als Heilpflanze gegen Gelenkrheuma nicht mehr wegzudenken.

8 Montag

Tipps für Haus und Garten

- Bei abnehmendem Mond in einem Feuerzeichen sind die meisten Reinigungsarbeiten sehr erfolgreich. Auch das Selberbacken ist nun günstig.
- Falls heute trockenes Klima herrscht, sollten Sie am besten den ganzen Tag lang lüften. Die Mondkonstellation ist dafür nämlich optimal.
- Sind einige Pflanzen krank? Schachtelhalmbrühe hilft beispielsweise gut gegen Mehltau bei Rosen und Grauschimmel bei Erdbeeren.

Fairplay am Arbeitsplatz

Versuchen Sie heute unbedingt, auf gewisse Tricks zu verzichten. Alles andere wäre problematisch. Sie dürfen nämlich nicht annehmen, dass ohne Sie nichts funktioniert. Sie könnten schnell eines Besseren belehrt werden!

Tipp Die Aktien stehen gut, dass anschlusssuchende Singles an diesem Feuertag eine interessante Bekanntschaft schließen können. Nicht zögern!

9
Dienstag

01.34

Europatag

Elementengruppe: ***Erde***
Besondere Nahrungsverträglichkeit: ***Salz***
Beeinflusster Pflanzenteil: ***Wurzel***
Dominierte Körperregionen: ***Knie, Haut, Knochen***

Ein Beitrag zur Selbstsicherheit

Können ist nicht alles. Manchmal sind die richtigen Kontakte ebenso wichtig. Nützen Sie die heutigen Möglichkeiten, Ihre Beziehungen auszubauen. So trägt beispielsweise zwischen 13.29 und 15.29 Uhr ein Mond-Merkur-Trigon zu dem Gefühl bei, dass es keine Situation gibt, die man nicht bewältigen könnte. Und das fördert die diplomatische Geschicklichkeit.

Mond und Garten

- Bei dieser Mondkonstellation ist die Aussaat von Sommerradieschen und Roten Beten sowie das Pflanzen von Lauch und Knollensellerie günstig.
- Mit dem Gedeihen der Pflanzen treten auch immer mehr Schädlinge auf. Die Möhrenfliege lässt sich beispielsweise gut mit einem Zwiebelauszug bekämpfen!

Tipp Wer nun Kräutersalben herstellt, hat zugleich die optimale Zeit gewählt, um sie auch gleich abzufüllen. Möglichst immer bei abnehmendem Mond!

10
Mittwoch

Handeln aus Überzeugung

- Wenn Sie nun jemand darum bittet, in einer strittigen Sache zu vermitteln, sind Sie dazu bereit. Und der Mondstand fördert die Lösungsfindung!
- Geben Sie acht, dass Ihre eiserne Disziplin heute nicht in pure Sturheit umschlägt. Sie würden damit nämlich nichts erreichen, als die anderen zu verärgern!

Tipp Schmökern Sie wieder mal in einem interessanten Roman. Das verschafft beim jetzigen Mondstand viel Entspannung und Erbauung.

Mit Büchern habe ich das meiste Gespräch.
Seneca

11 Donnerstag

04.06

Mamertus, Eisheiliger

Elementengruppe: **Luft**
Besondere Nahrungsverträglichkeit: **Fett**
Beeinflusster Pflanzenteil: **Blüte**
Dominierte Körperregionen: **Unterschenkel, Venen**

Für perfekte Wände

- Bei dieser Mondkonstellation ist die Beseitigung von Feuchtigkeit und Schimmel sehr vielversprechend. Und danach können Sie dann auch gleich ausgiebig lüften.
- Diese Wassermanntage sind für Malerarbeiten günstig. Sie hätten ziemlich sicher saubere Übergänge und einen geringen Materialverbrauch.

Tipp Wer beim jetzigen Mondstand einer künstlerischen Tätigkeit nachgeht, darf nun mit viel Inspiration und Leidenschaft rechnen!

Die Kunst ist Heiligung der sinnlichen Natur.

Bettina von Arnim

12 Freitag

16.29

Pankratius, Eisheiliger

! Falls Sie nach wie vor an Ihren Ideen voller Optimismus festhalten und sich auch nicht gleich vom erstbesten Skeptiker verunsichern lassen, können Sie heute auf sehr unorthodoxe Art und Weise endgültig ein leidiges Problem lösen.
Der Mondstand trägt nämlich dazu bei, dass es Ihnen weder an Belastbarkeit noch an guten Einfällen mangelt. Schaffen Sie also Fakten!

Mond und Gesundheit

- Falls Sie bisweilen Heilsteine einsetzen, ist für Wassermanntage besonders Bernstein zu empfehlen, weil er die Durchblutung der Beine anregt.
- Bei abnehmendem Mond wirken blutreinigende Maßnahmen umso mehr. Trinken Sie dafür morgens z. B. ein Glas Wasser mit 2 TL Apfelessig.
- Lufttage optimieren das Waschen und Pflegen der Haare. Bei einem Schuppenproblem helfen Spülungen mit Löwenzahnblüten-Aufguss!

Mai

13
Samstag

Servatius, Eisheiliger

Elementengruppe: ***Wasser***
Besondere Nahrungsverträglichkeit: ***Kohlenhydrate***
Beeinflusster Pflanzenteil: ***Blatt***
Dominierte Körperregionen: ***Füße, Zehen***

06.40

- Befinden sich sehr hartnäckige Flecken in der Wäsche? Behandeln Sie sie vor dem Waschen mit Schmalz vor. Der Mond tut dann ein Übriges!
- Was man an Fischetagen erntet, sollte man immer schnell verbrauchen, weil es nämlich erfahrungsgemäß rasch zu faulen beginnt.

Frieden

Von 17.52 bis 19.52 Uhr bilden Mond und Venus ein Trigon. Wenn Sie in dieser Zeit über manches nachdenken, das Sie eigentlich ärgert, kommt Ihnen plötzlich vieles davon belanglos vor, und Sie sind versöhnt.

Das Herz ist der Schlüssel der Welt und des Lebens.
Novalis

14
Sonntag

Bonifatius, Eisheiliger Muttertag

Gutes für den Körper

- Bei abnehmendem Mond in den Fischen schwimmen zu gehen entspannt Körper und Seele gleichermaßen. Sie fühlen sich danach viel besser!
- Schmerzen Ihre Füße? Das trägt zur Linderung bei: 3 gehäufte EL Arnika mit ¼ l kochendem Wasser überbrühen, 10 Minuten ziehen lassen und dann den Sud in ein Fußbad geben.

Genuss 1

Sonntag und Fischemond: Da dürften Sie ja genug Zeit und Einfälle haben, um in der Küche wieder mal was besonders Leckeres zu zaubern!

Genuss 2

Machen Sie es sich am Abend auf dem Sofa gemütlich, und sehen Sie sich einen spannenden Film an. Das lenkt von den üblichen Alltagsüberlegungen ab und entspannt zugleich.

15 Montag

09.57

Sophie, Eisheilige

Elementengruppe: ***Feuer***
Besondere Nahrungsverträglichkeit: ***Eiweiß***
Beeinflusster Pflanzenteil: ***Frucht***
Dominierte Körperregionen: ***Kopf, Gesicht***

Kräuter ernten und verarbeiten

- Jetzt müssten im Kräutergarten schon Oregano, Thymian, Zitronenmelisse und Pfefferminze erntereif sein. Nützen Sie den Mondstand!
- Kräuter, die nun geerntet und nicht sofort verbraucht werden, kann man bei dieser Mondkonstellation auch gut trocknen und abfüllen.

16 Dienstag

Wenn Sie heute Spannungskopfschmerzen haben, sollten Sie erst mit einer **Wassermassage** und nicht gleich mit Tabletten dagegen angehen!
Wer auch in der wärmeren Jahreszeit an einer Nasennebenhöhlenentzündung leidet, sollte auf diese unaufwendige Therapie zurückgreifen: Kontinuierlich 6 Tropfen **Teebaumöl in der Duftlampe** lindern.

Unser Denken hängt ab vom Empfinden.
Johann Gottfried Herder

17 Mittwoch

14.29

Kräfteüberschuss

- Im Job: Sie haben klare Vorstellungen und die nötige Durchsetzungskraft. Sie dürfen nur nicht über das Ziel hinausschießen.
- Privat: Aufpassen, sonst sind Sie bei einem Flirt schnell zu weit gegangen und haben sich damit Ihre eigentlich guten Chancen verdorben!
- Abends: An Widdertagen hat man meist weniger das Bedürfnis nach Ruhe, sondern vielmehr den Drang, etwas zu unternehmen und zu erleben. Das Leben wartet schon auf Sie!

18
Donnerstag

Christi Himmelfahrt

Elementengruppe: ***Erde***
Besondere Nahrungsverträglichkeit: ***Salz***
Beeinflusster Pflanzenteil: ***Wurzel***
Dominierte Körperregionen: ***Kiefer, Hals, Nacken***

Gespür

Wenn ein Freund zwischen 11.19 und 13.19 Uhr (Mond-Venus-Sextil) von Ihnen zu einem Ihnen nicht vertrauten Thema eine Meinung erwartet, müssen Sie nur auf Ihre innere Stimme hören. Dann ist Ihr Urteil goldrichtig!

Ernährung

Wer im Moment großen Appetit auf Gemüse hat, sollte Wurzelgemüse vorziehen, weil das der Körper jetzt am allerbesten verwerten kann, z. B.:

- **Karotten**, welche die Immunkräfte unterstützen.
- **Kartoffeln**, die den Kreislauf stärken.
- **Lauch**, der die Durchblutung fördert.
- **Rote Beten**, welche die Produktion von roten Blutkörperchen stimulieren.

19
Freitag

17.54

20.49

Haus und Garten

- Hausarbeiten beschränkt man bei Neumond besser auf ein Minimum. Und vom Brot- oder Kuchenbacken ist im Moment ganz abzuraten.
- Haben Sie im Garten kranke Pflanzen? Falls ja, sollten Sie sie nun zurückschneiden, weil Sie dann mit einer raschen Genesung rechnen dürfen.

Sich immer am Leben korrigieren!

Christian Morgenstern

Alternative

Wer jetzt das Bedürfnis verspürt, zu fasten oder einen Obsttag einzulegen, hat sich einen guten Termin ausgesucht: Die Mondphase ist ideal dafür!

20
Samstag

Elementengruppe: **Luft**
Besondere Nahrungsverträglichkeit: **Fett**
Beeinflusster Pflanzenteil: **Blüte**
Dominierte Körperregionen: **Schultern, Arme, Hände**

Erfolg
Sie sind heute fähig, vollen Einsatz zu zeigen. Und Sie haben auch tolle Chancen, denn bei Kauf, Verkauf und Werbung sind besonders gute Konditionen gegeben.

Ausgefahrene Antennen
Der Zwillingemond weckt Ihr Interesse, Sie sind voller Neugier auf andere Leute und die ganze Welt. Gleich, was Sie vorhaben – es wird spannend!

Was unternehmen?
Da der Mond in den Zwillingen steht, sind die momentan geeignetsten Freizeittipps ein Familienbesuch, ein Fest mit Freunden und ein Theaterabend.

21
Sonntag

Mond und Körper
- Bei der heutigen Mondkonstellation sind Übungen zur Stärkung der Schulter- und Armmuskulatur erfahrungsgemäß besonders ergiebig.
- Die Mondphase erleichtert die Korrektur von eingewachsenen Nägeln und sorgt bei einem anregenden Bad für eine besonders gute Durchblutung der Haut.

! Erweisen Sie sich heute in einer entscheidenden Situation als so vertrauenswürdig und verantwortungsbewusst, wie man Sie kennt. Enttäuschen Sie nicht die Menschen, deren Anerkennung Sie besitzen, durch unberechenbares Verhalten!

Mond und Gefühl
Mond in den Zwillingen: Jemand Neuen kennenzulernen macht nun in aller Regel wirklich keine Mühe. Sie müssen sich nur voll darauf einlassen!

22
Montag

05.30

Elementengruppe: ***Wasser***
Besondere Nahrungsverträglichkeit: ***Kohlenhydrate***
Beeinflusster Pflanzenteil: ***Blatt***
Dominierte Körperregionen: ***Magen, Lunge, Galle, Leber***

Höhepunkte des Tages

- Noch vom Wochenende motiviert lassen Sie heute keine Trägheit aufkommen, sondern machen etwas aus Ihren phantasievollen Ideen.
- Ein Feierabend im Frühsommer, der Mond durchwandert den Krebs: In Gesellschaft von angenehmen Menschen verspricht das schöne Stunden.

23
Dienstag

Die richtige Ernährung

Beim jetzigen Mondstand sollten beispielsweise auf dem Speiseplan stehen: Bohnen, Knoblauch, Artischocken oder Sojaprodukte. Denn sie alle tun erfahrungsgemäß der Leber sehr gut.

Sachlich bleiben!

Falls Sie jetzt jemand mit sehr fairen Worten kritisiert, müssen Sie darüber nachdenken. Dann werden Sie sicher verstehen, wie das gemeint ist!

24
Mittwoch

16.36

Kräuter und Salat

- Frische Kräuter gefällig? Dill, Kerbel und Borretsch können nun ins Freie, Majoran und Basilikum müssen noch unter Glas ausgesät werden.
- Stellen Sie einige Ihrer Kosmetika selbst her? Dieser Krebstag ist z. B. günstig für das Sammeln von Blattkräutern, die Sie dafür brauchen.
- Auspflanzen kann man bei dieser Mondkonstellation jetzt Römischen Salat, Staudensellerie sowie Schnittsalat. Und ausgesät werden können Endivie, Mangold und Blumenkohl.

25 Donnerstag

Elementengruppe: ***Feuer***
Besondere Nahrungsverträglichkeit: ***Eiweiß***
Beeinflusster Pflanzenteil: ***Frucht***
Dominierte Körperregionen, -funktionen: ***Herz, Kreislauf, Blutdruck***

! Es ist nie völlig vergeblich, sich für das einzusetzen, woran man glaubt. Wenn Sie zwar enttäuscht worden sind, aber nicht mit Resignation reagieren, sondern heute geduldig weiterkämpfen wollen, sind Sie auf dem völlig richtigen Weg.

Auf die Gesundheit achten!

- An Löwetagen kann der Kreislauf leider besonders schnell überlastet sein. Deshalb sollten Sie sich nun unbedingt vor großer Hitze und zu viel körperlicher Anstrengung hüten.
- In der jetzigen Mondphase und bei diesem Mondstand muss jeder, der Herzmedikamente einzunehmen hat, die Dosierungsanweisungen ganz gewissenhaft befolgen.

26 Freitag

Vormittags um 8.39 Uhr beginnt eine **Mondpause**, die sich 20,5 Stunden hinziehen wird.
Nehmen Sie sich deshalb heute genügend Zeit, um selbstkritisch darüber nachzudenken, ob Sie für das Erreichen Ihrer Lebensziele genug tun. Oder ob Sie sich dabei vor allem auf die Unterstützung anderer und auch auf Ihr Glück verlassen!

Haus und Garten

- Lieben Sie nicht auch selbst gemachte Marmelade? Der zunehmende Mond in einem Feuerzeichen ist für das Einkochen von Früchten nämlich sehr gut geeignet.
- Sie möchten den einen oder anderen Obstbaum veredeln? Die momentane Mondkonstellation ist optimal dafür geeignet. Der Mond lässt Fruchtgemüse jetzt besonders gut gedeihen. Deshalb ist z. B. die Aussaat von Auberginen, Kürbis, Zucchini oder Gurken günstig.

Elementengruppe: **Erde**
Besondere Nahrungsverträglichkeit: **Salz**
Beeinflusster Pflanzenteil: **Wurzel**
Dominierte Körperfunktionen: **Stoffwechsel, Verdauung**

27
Samstag

17.23

05.06

Mond und Wohlgefühl

- Der Verzicht auf schwere, d.h. vor allem fette Speisen ist bei diesem Mondstand die beste Voraussetzung, damit die Verdauung intakt bleibt.
- Verkneifen Sie sich möglichst Kritik an anderen, und reagieren Sie auf Kritik an Ihrer Person nicht zu sensibel. Dann kommt es zu keinem Konflikt!

28
Sonntag

Pfingstsonntag

Zeit für Gartenarbeit?

Falls Sie Rasen ausbessern oder eine neue Fläche ansäen wollen, sollten Sie die jetzige Mondkonstellation dafür nutzen.

Zeit für Erholung

Für viele Freizeitaktionen ist dieser Jungfrautag nicht unbedingt geeignet. Aber für einen ausgedehnten Ausflug ins Grüne, bei dem Sie mehr innere Ruhe finden, spricht viel.

29
Montag

Pfingstmontag

! Heute kann es passieren, dass Sie jemand, den Sie als ziemlich reserviert eingeschätzt haben, mit einer wirklich selbstlosen Geste überrascht und Ihnen eine große Freude bereiten möchte. Sie sollten nicht zögern und das Angebot unbedingt annehmen!

Wer zu den Menschen gehen will,
muss erst sich in den Menschen finden.
Ernst Toller

16.52

30 Dienstag

Elementengruppe: ***Luft***
Besondere Nahrungsverträglichkeit: ***Fett***
Beeinflusster Pflanzenteil: ***Blüte***
Dominierte Körperregionen: ***Hüfte, Nieren, Blase***

Energie
Von 9.40 bis 11.40 Uhr gehen Mond und Sonne ein Trigon ein: Alle, die nun an etwas Schwierigem arbeiten, sind mit genug Phantasie gesegnet, um sich Beachtliches einfallen zu lassen. Und mit dem nötigen Mut, neue Ideen nicht gleich wieder anzuzweifeln oder gar zu verwerfen!

Obst und Gesundheit
Wer verschmäht schon Kuchen mit frischem Sommerobst? Mondphase und -stand sind optimal, um einmal selbst seinen Lieblingskuchen zu backen. Wie wäre es beispielsweise mit Rhabarber oder Himbeeren? Es ist nämlich doppelt gesund, diese Obstsorten an Waagetagen zu essen: Rhabarber bindet Fettstoffe, und Himbeeren lindern Blasenbeschwerden.

31 Mittwoch

Gartentipps
- Alle hochwachsenden Stauden sollten nun abgestützt werden, damit eventuelle Regengüsse sie nicht auf den Boden drücken können.
- Die Mondkonstellation begünstigt die Aussaat von zweijährigen Frühlingsblühern: z. B. Bartnelken, Gänseblümchen und Stiefmütterchen.
- Vergessen Sie während des Sommers nicht, Ihr Gewächshaus vor allem in der Mittagszeit ausgiebig zu lüften, damit kein Hitzestau entsteht.

Um 16.55 beginnt eine knapp neunstündige **Mondpause**.
Der heutige Abend wäre wie geschaffen, um gute alte Freunde zu treffen, mit denen man sich schon lange nicht mehr richtig ausgetauscht hat. Jetzt fällt es nämlich leicht, anderen gegenüber offen aus sich rauszugehen oder aber auch konzentriert zuzuhören, wenn man etwas anvertraut bekommt.

Was Freunde besitzen, ist Gemeingut.
Pythagoras

1
Donnerstag

01.46

Elementengruppe: ***Wasser***
Besondere Nahrungsverträglichkeit: ***Kohlenhydrate***
Beeinflusster Pflanzenteil: ***Blatt***
Dominierte Körperregionen: ***Sexualorgane, Harnleiter***

Gesundheit

- Bei diesem Mondstand sind die typischen Frauenleiden keine Seltenheit. Sitzbäder mit Frauenmantel oder Eisenkraut können da z. B. helfen.
- An Wassertagen scheint man dünnere Nerven zu haben als sonst. Essen Sie jetzt beispielsweise Feigen, Fenchel, Spinat oder Sojaprodukte. Das trägt zur Beruhigung bei!

Haus und Garten

- Ausgiebiges Lüften ist bei der momentanen Mondkonstellation nicht geeignet. Vor allem Kellerräume könnten dabei viel Feuchtigkeit anziehen.
- Der zunehmende Mond in einem Wasserzeichen begünstigt, dass weiterhin Blattgemüse wie Kohlrabi und Mangold ausgepflanzt werden kann.

2
Freitag

! Auch wenn Sie heute jede Art von Auseinandersetzung scheuen – lassen Sie sich nicht von Ihren Überzeugungen abbringen. Weder durch Drohungen noch durch Bitten! Sie hätten es nämlich schnell schon wieder zu bereuen.

Ob Sie an einer **Projektplanung** sitzen, **Recherchen** anstellen oder eine neue **Werbestrategie** ersinnen – der Skorpionmond unterstützt Sie nun.

Der richtige Weg

Suchen Sie sich in Ihrer Freizeit ein schönes Plätzchen in der freien Natur, wo Sie sich ungestört niederlassen können. Schließen Sie die Augen, und träumen Sie. Das ist heute die beste Erholung!

Leben heißt träumen; weise sein heißt angenehm träumen.
Schiller

3 Samstag

07.05

Elementengruppe: Feuer
Besondere Nahrungsverträglichkeit: Eiweiß
Beeinflusster Pflanzenteil: Frucht
Dominierte Körperregionen: Oberschenkel, Venen

Anbau und Ernte

- Die jetzige Mondkonstellation begünstigt es noch, Fruchtgemüse auszusäen: z. B. Bohnen, Gurken, Zucchini, Kürbis oder Zuckermais.
- Ab heute steigt der Mond wieder auf. Deshalb ist jetzt neben dem Ernten auch das Einlagern bzw. Einkochen von Obst und Fruchtgemüse günstig.

Wachheit

Ist Ihnen abends nach Gesellschaft und Trubel zumute? Oder eher nach genügend Ruhe in der Geborgenheit Ihrer vier Wände? Ihre Stimmung entscheidet! Ein Mond-Mars-Trigon sorgt von 21.01 bis 23.01 Uhr jedenfalls für eine gesteigerte Wahrnehmungsfähigkeit. So können Sie alles viel intensiver erleben.

4 Sonntag

05.43

Vollmond und Psyche

Vollmondeinflüsse wirken in aller Regel sehr stark auf das Seelenleben. Daher müssen Sie nun mit Aggressionen und Unruhe bis hin zu Schlafstörungen rechnen.

Deine Seele ist eine auserlesene Landschaft.
Paul Verlaine

Vollmond in Haus und Garten

- Obstsaft, der bei Vollmond in einem Feuerzeichen frisch gepresst wird, hat ein unvergleichliches Aroma. Das sollten Sie unbedingt einmal versuchen!
- Sammeln Sie bei dieser Mondkonstellation jene Heilkräuter, deren Früchte bzw. Samen Sie nicht aufbewahren, sondern gleich verwenden wollen.

5
Montag

09.32

Tag der Umwelt

Elementengruppe: **Erde**
Besondere Nahrungsverträglichkeit: **Salz**
Beeinflusster Pflanzenteil: **Wurzel**
Dominierte Körperregionen: **Knie, Haut, Knochen**

Klare Sicht

Der Steinbockmond wirkt sich momentan sehr günstig auf Projektplanungen aus. Sie tüfteln jetzt höchstwahrscheinlich so lange, bis Sie mit dem Ergebnis absolut zufrieden sind.

Ein paar Gewitterwolken

Falls heute etwas dicke Luft in der Partnerschaft herrschen sollte, müssen Sie bedenken: Wenn man will, ist es immer möglich, sich schnell wieder zu vertragen. Und an einem Steinbocktag bestehen schon fünfmal gute Chancen, den richtigen Weg zu finden!
Die wichtigste Überlegung: Welches Verhalten stiftet Frieden, welches schürt den Konflikt erst richtig?

6
Dienstag

Es gibt immer was zu tun

- Mondphase und -stand unterstützen alle Arbeiten rund ums Dach: ob mit Holz oder Ziegel, ob Bau, Reparatur oder Reinigung.
- Erfahrungsgemäß sind für feuchtes Staubwischen jene Tage die günstigsten Termine, an denen der abnehmende Mond in einem Erdzeichen steht.
- Nehmen Sie sich zwischendurch immer wieder die Zeit, um nach Unkraut zu suchen. Das Jäten ist momentan sehr empfehlenswert!
- Nützen Sie die jetzt günstige Mondkonstellation, falls Sie Kartoffeln setzen oder Lauch, Sellerie und Wurzelpetersilie aussäen wollen.

Abendprogramm

- Wenn Sie für den Abend etwas ausgemacht haben, dazu aber nicht in Stimmung sind, sollten Sie besser absagen und zu Hause bleiben.
- Planen Sie abends genug Zeit ein, um wieder einmal autogenes Training zu praktizieren. Das trägt dazu bei, seelische Spannungen abzubauen.

7 Mittwoch

10.43

Elementengruppe: ***Luft***
Besondere Nahrungsverträglichkeit: ***Fett***
Beeinflusster Pflanzenteil: ***Blüte***
Dominierte Körperregionen: ***Unterschenkel, Venen***

Mond und Gesundheit

- Möchten Sie eine Diät machen? Erfahrungsgemäß fällt das Abnehmen in dieser Phase am leichtesten, weil die Mondkräfte jetzt mithelfen.
- Besonders an Wassermanntagen kann man an Krampfadern oder Venenentzündungen leiden. Brennnesseltee trägt da zur Linderung bei!

8 Donnerstag

Fronleichnam

Mond und Liebe

- Vor allem für den Partner sollte man immer genügend Geduld aufbringen, egal, wie lange die Beziehung schon dauert. Handeln Sie heute danach.
- Sie wissen, dass neben Liebe und Leidenschaft auch die Vernunft zu einer guten Beziehung gehört. Versuchen Sie dem nun gerecht zu werden.

Es gibt eine Liebe der Tat und eine Liebe des Herzens.
Bernhard von Clairvaux

9 Freitag

12.15

Kampf dem Ungeziefer!

Im Garten treiben nach wie vor Schädlinge ihr Unwesen. Falls Ihre Rosen Blattläuse befallen haben, sollten Sie diese beispielsweise mit Schmierseifenlauge bekämpfen.

Seine Chance nützen

Die Zeit nach Vollmond ist besonders begünstigt, falls man eine Bewerbung schreiben oder ein Vorstellungsgespräch führen möchte.

Juni

10
Samstag

21.33

Elementengruppe: **Wasser**
Besondere Nahrungsverträglichkeit: **Kohlenhydrate**
Beeinflusster Pflanzenteil: **Blatt**
Dominierte Körperregionen: **Füße, Zehen**

Beruf ...
Falls Sie nicht immerfort daran denken, was schiefgehen könnte, und sich dadurch ablenken lassen, werden Sie heute sehr kreativ arbeiten.

... und Freizeit
Beim jetzigen Mondstand sind Sie neugierig und lassen sich zu etwas überreden, das Sie bisher abgelehnt haben. Und daran könnten Sie nun großen Gefallen finden!

Ein Standpunkt sollte nicht nur das sein,
worauf man ständig stehen bleibt.
Friedl Beutelrock

11
Sonntag

15.22

Mond und Körper
- Im Sommer – und vor allem an Fischetagen – sollte man so oft wie möglich barfuß laufen. Das befreit den Körper und schärft nicht nur den Tastsinn!
- Bald ist Johannistag, und dann läuft die Spargelsaison wieder aus. Essen Sie nochmals dieses köstliche und wertvolle Gemüse, das u.a. den Kohlenhydratstoffwechsel aktiviert. Vor allem bei diesem Mondstand!

Mond und Garten
- Die jetzige Mondkonstellation begünstigt die Schneckenjagd. Sammeln Sie die Schädlinge von den Beeten ab, und errichten Sie dann Schneckenzäune.
- Beim Wässern der Pflanzen ist auf die Tageszeit zu achten: Möglichst morgens oder abends, so schadet die Sonne den nassen Blättern nicht (zu diesen Zeiten mit viel Wasser)! Und falls Sie öfter gießen – dann sparsam!

12
Montag

Elementengruppe: ***Feuer***
Besondere Nahrungsverträglichkeit: ***Eiweiß***
Beeinflusster Pflanzenteil: ***Frucht***
Dominierte Körperregionen: ***Kopf, Gesicht***

Das größte Geschenk, das Sie heute den anderen machen können, ist, statt **Sturheit** Einfühlungsvermögen zu zeigen. Das wird alle beeindrucken!

Nun sind inzwischen nicht nur Erdbeeren, Süßkirschen und Strauchbeeren reif. Nützen Sie deshalb die beiden Feuertage zum **Ernten und Einlagern**.

Bei Ihrem momentanen **Durchsetzungsvermögen** sind Sie kaum zu stoppen. Vor allem beim Verkaufen sind Sie geradezu unschlagbar.

Haben Sie vielleicht Lust auf ein **Fest**, um den Sommer zu feiern? Der Widdermond kann Ihre Freude noch steigern. Laden Sie wieder mal Freunde ein, und genießen Sie das Heute!

13
Dienstag

20.32

Haushaltstipps

- Der abnehmende Mond in einem Feuerzeichen begünstigt das Einkochen von Früchten sowie die Herstellung von Marmelade.
- Jeder, der nun in der Küche oder beim Grillen Fett erhitzt, muss auch bedenken, dass dieses besonders heiß werden und zu brennen beginnen kann, wenn der Mond in Widder, Löwe oder Schütze steht!
- Vor allem an Kellerwänden ist Feuchtigkeitsbildung nicht immer zu verhindern. Bei dieser Mondkonstellation dagegen anzugehen wird Erfolg haben.

Gesundheitstipps

- Sommerliche Hitze erhöht noch die für Widdertage typische Migräne- und Kopfschmerzgefahr. Verzichten Sie jetzt möglichst auf alle Genussmittel!
- Wer beim jetzigen Mondstand überanstrengte, entzündete Augen hat, kann mit Borwasser- oder Kamillenteekompressen Abhilfe schaffen.

14
Mittwoch

Elementengruppe: **Erde**
Besondere Nahrungsverträglichkeit: **Salz**
Beeinflusster Pflanzenteil: **Wurzel**
Dominierte Körperregionen: **Kiefer, Hals, Nacken**

Nacken, Ohren und Kiefer

- Wenn der abnehmende Mond den Stier durchläuft, können sanfte Massagen oder Gymnastikübungen den Nackenbereich wunderbar entspannen.
- Wer liebt es nicht, im Sommer mit dem Cabrio zu fahren! Vergessen Sie aber nicht, immer ausreichend Ihre Augen und Ohren zu schützen.
- Obwohl der Mond gerade abnimmt, ist nun von einer Kieferoperation abzuraten, weil das Tierkreiszeichen Stier diese Körperregion dominiert.

An diesem Stiertag sind die unterschiedlichsten **Gartenarbeiten** günstig: vor allem Wurzelgemüse ernten und unterirdische Schädlinge bekämpfen. Schützen Sie z. B. Ihre Radieschen- und Rettichsaat vor hartnäckigen Erdflöhen durch eine Spritzung mit Rainfarntee.

15
Donnerstag

Power

Von 10.56 bis 12.56 Uhr bilden Mond und Uranus eine Konjunktion. Da können Sie einen richtigen Kraftschub bekommen. Wenn Sie ihn nutzen, sind Sie fähig, Ihre guten Ideen perfekt umsetzen. Zudem sind Sie auch technisch sehr versiert.

Das Herz am rechten Fleck

Beim jetzigen Mondstand hat man für Familienangelegenheiten viel Sinn. Es bestehen also beste Voraussetzungen für vertrauens- und liebevolle Gespräche! Nehmen Sie sich beispielsweise die Zeit für ein ausgedehntes Abendessen mit allen Familienmitgliedern, um sich einmal viel intensiver als sonst auszutauschen.

Wem der Himmel helfen will, dem hilft er durch die Liebe.

Laotse

16
Freitag

03.47

Elementengruppe: ***Luft***
Besondere Nahrungsverträglichkeit: ***Fett***
Beeinflusster Pflanzenteil: ***Blüte***
Dominierte Körperregionen: ***Schultern, Arme, Hände***

! Bekämpfen Sie heute die immer wieder aufkeimende Neigung, sich nicht an die Regeln zu halten. Sie laufen sonst Gefahr, so manchen Unmut auf sich zu ziehen und zudem beträchtlich an Glaubwürdigkeit einzubüßen.

Der Gesundheit zuliebe
Genießen Sie doch mal wieder Brokkoli! Der ist an Lufttagen sehr bekömmlich und stärkt zudem nun auch deutlich die Muskelarbeit, z. B.:

Brokkoligemüse mit Spaghetti
Zutaten für 1 Person

250 g Brokkoli
Salz und Muskatnuss, frisch gerieben
Saft von ½ Zitrone
80 g Hartweizenspaghetti
30 g Walnüsse, gehackt
1 TL Weizenkeimöl

Zubereitungszeit: 30 Minuten

1. Brokkoli waschen und in kleine Röschen teilen, die Enden einschneiden.

2. In einem Topf mit Dämpfeinsatz etwa 2 Zentimeter hoch Wasser zum Kochen bringen. Brokkoli in den Siebeinsatz geben, etwas salzen, mit Muskatnuss würzen, mit dem Zitronensaft beträufeln und in etwa 10 bis 15 Minuten bissfest garen.

3. Für die Nudeln ausreichend Wasser zum Kochen bringen. Die Nudeln nach Packungsanweisung bissfest garen.

4. Das Gemüse auf einem Teller anrichten, mit den gehackten Walnüssen bestreuen, das Weizenkeimöl darüberträufeln und mit den abgetropften Nudeln anrichten.

Juni

17

Samstag

Elementengruppe: ***Luft***
Besondere Nahrungsverträglichkeit: ***Fett***
Beeinflusster Pflanzenteil: ***Blüte***
Dominierte Körperregionen: ***Schultern, Arme, Hände***

Berufliches
Die Mondkonstellation begünstigt neben dem Verfassen von Texten besonders auch alle Werbemaßnahmen.

Tatkraft
- An Zwillingetagen kann man sich in aller Regel sehr gut konzentrieren. Wer momentan viel lernen muss, wird davon profitieren.
- Egal, womit Sie sich heute in Ihrer Freizeit beschäftigen – bei diesem Mondstand ist man wissbegierig. Und das treibt Sie nun an!

Tipp Im Sommer hat man sich schnell mal einen Zug geholt und klagt dann über Schmerzen im Schulterbereich. Eine Rheumasalbe wirkt jetzt Wunder!

18

Sonntag

06.38

12.59

! Wenn Sie sich nach einem Dämpfer der Realität stellen und dem Problem wirklich auf den Grund gehen, ist alles halb so schlimm. Seien Sie dabei aber unbedingt selbstkritisch genug und machen Sie sich nichts vor.

In dieser Mondphase zu fasten wirkt sich stets positiv aus. Falls es zumindest etwas Obst sein soll, dann **Papaya**: Ist sehr gut für die Muskelbildung!

Sonntag und Neumond, der in einem Luftzeichen steht: Da spricht viel dafür, den Garten ruhen zu lassen und dort einfach die **Düfte** zu genießen.

Der gesunde Menschenverstand ist der größte Feind der Phantasie und doch ihr bester Berater.

Marie von Ebner-Eschenbach

19 Montag

Elementengruppe: **Wasser**
Besondere Nahrungsverträglichkeit: **Kohlenhydrate**
Beeinflusster Pflanzenteil: **Blatt**
Dominierte Körperregionen: **Magen, Lunge, Galle, Leber**

Gesund und schön

- Die Gefahr von Magenproblemen lässt sich an diesem Krebstag deutlich vermindern, wenn man auf zu viel Fett, minderwertige Kohlenhydrate und Alkohol verzichtet.
- Auch ein nur kurzes Bad würde Sie heute beruhigen und maßgeblich zur Schönheit beitragen.

Vorsicht

Beim jetzigen Mondstand sind Sie zu sehr intensiven Gefühlen fähig, was auch zu Problemen mit Ihrem Umfeld führen kann. Machen Sie es den anderen nicht so schwer. Am besten tagsüber die **Emotionen** kontrollieren und abends **Innenschau** halten!

20 Dienstag

Tipp Am heutigen Tag ist das Gefühl stärker als der Verstand. Deshalb dürfen Sie sich auch zu nichts überreden lassen, was Sie im Grunde ablehnen.

Blattgemüse und -salat

Der zunehmende Mond im Wasserzeichen Krebs begünstigt nun wesentlich das Auspflanzen von Spätkohlrabi, Endivie, Fenchel sowie allen frühen Blumenkohlsorten.

Freizeittipps Meditieren, spazieren gehen, sich mit Kunsthandwerk beschäftigen, Freunde besuchen, in freier Natur vor sich hinträumen.

Erkenntnis

Das Mond-Neptun-Trigon von 19.25 bis 21.25 Uhr hilft dabei, dass man sich unvoreingenommen die Bedenken eines vertrauten Menschen anhört, der es gut meint. Dies trägt zur Orientierung in eine bessere Richtung bei.

21 Mittwoch

Sommeranfang

00.05

Elementengruppe: ***Feuer***
Besondere Nahrungsverträglichkeit: ***Eiweiß***
Beeinflusster Pflanzenteil: ***Frucht***
Dominierte Körperregionen, -funktionen: ***Herz, Kreislauf, Blutdruck***

Gartenarbeit ohne Ende

- Wenn Sie nun Obstgehölze veredeln, steigt der Pflanzensaft schnell in das Edelreis und unterstützt dort letztlich die Fruchtentwicklung.
- Noch anderes ist jetzt günstig: z. B. Hülsenfrüchte und Fruchtgemüse, wie Bohnen, Gurken, Zucchini und Zuckermais, aussäen bzw. auspflanzen.

22 Donnerstag

Für den kleinen Hunger zwischendurch

Unterstützen Sie bei der jetzigen Mondkonstellation gezielt die Blutbildung, indem Sie vermehrt Datteln, Johannisbeeren und Weintrauben essen.

Mondpause

Sie beginnt um 19.02 Uhr und erstreckt sich über 17,5 Stunden.
Dies trägt dazu bei, dass ein Treffen mit Freunden oder Verwandten ein voller Erfolg wird und allen viel Freude bereitet.

23 Freitag

12.36

Die **Mondpause** wird sich noch bis zum frühen Nachmittag hinziehen. Denken Sie daran: Sie müssen jetzt nicht beweisen, wie dynamisch Sie sind, oder den großen Auftritt inszenieren! Nun reicht die Kraft Ihrer Argumente!

Löwemond und Gesundheit

Der Verzehr von Hülsenfrüchten (besonders Bohnen), Fruchtgemüse (vor allem Mais), Papaya und Äpfeln stärkt das Herz. Mondstand und -phase erhöhen diesen Effekt jetzt noch bedeutend.

24 Samstag

Johannistag

Elementengruppe: **Erde**
Besondere Nahrungsverträglichkeit: **Salz**
Beeinflusster Pflanzenteil: **Wurzel**
Dominierte Körperfunktionen: **Stoffwechsel, Verdauung**

Blick ins Berufsleben
Verlegen Sie sich heute besser auf typische Routinetätigkeiten. Alle Arbeiten, für die man viel Gespür und Inspiration benötigt, gelingen momentan nämlich weniger gut.

Und das Privatleben?
An Jungfrautagen sieht man meist alles kritischer – auch die Partnerschaft. Falls es Ihnen nun so geht, sollten Sie nicht gleich Konsequenzen ziehen, sondern erst einmal an den folgenden Waagetagen über das, was Sie beschäftigt, ganz in Ruhe nachdenken.

Tipp Der Mondstand erhöht nun die Fähigkeit, Ordnung zu schaffen!

25 Sonntag

Bluthochdruck?
An Erdtagen wird Salz vom Körper besonders gut verwertet. Allerdings sollten alle, die an Bluthochdruck leiden, jetzt etwas vorsichtiger dosieren.

Nach Möglichkeit beherzigen!
Wer sich selbst nicht zu wichtig nimmt, d. h. auch mal über sich lachen kann und andere nicht provoziert, hat bedeutend mehr von diesem Tag!

Immer mal vorbeischauen!
Kontrollieren Sie zwischendurch Ihren Komposthaufen, ob er nicht schon zu trocken ist. Die Feuchtigkeit ist für die Humusbildung unerlässlich.

Unternehmungsgeist?
Ein kleiner Ausflug würde diesen Tag mit Sicherheit zu etwas Besonderem machen und für Abwechslung sorgen. Es muss ja gar nicht weit weg gehen!

26
Montag

09.51

00.58

Elementengruppe: ***Luft***
Besondere Nahrungsverträglichkeit: ***Fett***
Beeinflusster Pflanzenteil: ***Blüte***
Dominierte Körperregionen: ***Hüfte, Nieren, Blase***

Ernährungstipps für Waagetage

- **Birnen**, **Himbeeren**, **Weintrauben** haben reinigende Wirkung und helfen bei Nieren- und Blasenproblemen.
- **Artischocken**, **Blumenkohl**, **Bohnen**, **Tomaten** wirken entwässernd.
- **Kapern** unterstützen die Nierentätigkeit.
- **Radieschen** beugen sehr gut Nieren- und Blasensteinen vor.
- **Rhabarber** bindet Fettstoffe.

Sonnenseite

Treffen Sie sich bei diesem Mondstand mit ein paar Freunden. Sie werden sehen, dass Ihre Vorschläge, die gemeinsame Zeit zu gestalten und das Leben zu genießen, auf ungeteiltes Interesse stoßen!

27
Dienstag

Siebenschläfer

Es liegt was in der Luft ...

Wer allein lebt und das ändern will, kann diesen Mondstand nützen. Überhaupt: Die Sterne stehen günstig. Senden Sie Ihr wärmstes Strahlen aus!

Zähne und Nägel

- Wenn Ihnen ein Zahn gezogen werden muss, sollten Sie immer einen Termin bei abnehmendem Mond und nie an einem Lufttag wählen!
- Haben Sie Probleme mit eingewachsenen Nägeln? In dieser Mondphase verläuft eine Korrektur in aller Regel sehr zufriedenstellend.

Blumen drinnen und draußen

- Sorgen Sie durch Blumenschmuck auch im Haus für sommerliches Flair! Jetzt geschnittene Blumen duften stärker und leben länger.
- Bei dieser Mondkonstellation können verschiedenste Blumen ins Freiland gesät werden: z. B. Primeln, Stiefmütterchen oder Vergissmeinnicht.

28 Mittwoch

10.57

Elementengruppe: ***Wasser***
Besondere Nahrungsverträglichkeit: ***Kohlenhydrate***
Beeinflusster Pflanzenteil: ***Blatt***
Dominierte Körperregionen: ***Sexualorgane, Harnleiter***

Verbringen Sie am heutigen Skorpiontag einen **sinnlichen Abend** bei stimmungsvollem Kerzenschein, ruhiger Musik, einer guten Flasche Wein – und mit dem Partner Ihrer Wahl. Zwischen 17.33 und 19.33 Uhr (Mond-Merkur-Trigon) können Sie in einem äußerst angenehmen Gespräch viel menschliche Wärme und feinsinnigen Humor erleben. Das bereichert Sie!

29 Donnerstag

! Akzeptieren Sie es, wenn Ihr Partner und Sie sich heute bei einem wichtigen Thema überhaupt nicht einigen können. Dann klappt es halt ein anderes Mal. Versuchen Sie jedenfalls nicht, ihn irgendwie zu manipulieren.

- Bei zunehmendem Mond in einem Wasserzeichen sind Meditationen für die Seele und den Körper unvergleichlich erholsam sowie kraftspendend.
- Schließen Sie den Tag mit einem beruhigenden Melissenbad ab. Dann geht es Ihnen richtig gut, und Sie werden ausgezeichnet schlafen.

30 Freitag

17.01

Mond, Haus und Garten

- Lust auf frische Würze im Essen? Bei dieser Mondkonstellation ist es besonders günstig, Blattkräuter zu pflücken. Sie werden von ihrem intensiven Aroma begeistert sein!
- Im Sommer machen sich oft Algen im Gartenteich breit, die Sie sorgfältig abschöpfen und auf den Komposthaufen geben sollten.
- Mondstand und -phase begünstigen jetzt die Aussaat von Spinat, Mangold, Zuckerhut, Endivie und Winterradicchio.

1
Samstag

Elementengruppe: ***Feuer***
Besondere Nahrungsverträglichkeit: ***Eiweiß***
Beeinflusster Pflanzenteil: ***Frucht***
Dominierte Körperregionen: ***Oberschenkel, Venen***

Gartenarbeit

- Vielleicht planen Sie ja die Veredelung von Obstbäumen. Diese beiden Feuertage sind beispielsweise optimal dafür geeignet.
- Heute und morgen sind noch ideale Aussaattermine für Buschbohnen, die nie später als bis Mitte Juli in die Erde kommen sollten.
- Wer nun noch neue Beete für einmaltragende Erdbeersorten anlegen will, sollte die jetzige Mondkonstellation nutzen.

Erntemond

An Schützetagen (da steigt der Mond dann wieder auf) ist das Ernten günstig. Und da der Mond gerade auch zunimmt, ist ebenso das Einfrieren bzw. Einkochen von Obst besonders zu empfehlen.

2
Sonntag

19.21

Konkretisierung

Während Sie vor kurzem noch über das Grundsätzliche eines Plans nachdachten, können Sie in der Zeit von 11.20 bis 13.20 Uhr (Mond-Mars-Trigon) schon genau festlegen, wie Sie ihn realisieren werden.

Mond und Gesundheit

Alles, was zum Aufbau des Immunsystems beiträgt, wirkt so kurze Zeit vor dem Vollmond erfahrungsgemäß noch stärker als sonst.

Heimwerker aufgepasst!

Wer bei zunehmendem Mond im Schützen Arbeiten mit Holz verrichtet, muss damit rechnen, dass es zu stark arbeitet und sich dadurch verzieht.

Tipp Sie möchten in Ihrer Partnerschaft Frieden, aber auch klare Verhältnisse? Dann reden Sie an diesem Schützetag doch über alles ganz offen!

3
Montag

13.40

Elementengruppe: **Erde**
Besondere Nahrungsverträglichkeit: **Salz**
Beeinflusster Pflanzenteil: **Wurzel**
Dominierte Körperregionen: **Knie, Haut, Knochen**

Temperatursturz?
Bei Vollmond in einem Erdzeichen ist das Kälteempfinden erfahrungsgemäß intensiver. Daher sollten Sie sich heute warm genug anziehen – obwohl eigentlich Sommer ist.

Gartenarbeit
Das Ernten, vor allem von Wurzelgemüse, und das Düngen sind bei der jetzigen Mondkonstellation sehr zu empfehlen.

Mit Herz und Verstand handeln
Überlegen Sie im Konfliktfall zuerst, wie Sie selbst einlenken können, eh Sie das vom anderen erwarten. Dann ist eine Lösung schon leichter!

4
Dienstag

19.31

Ernährungstipp
Der Steinbockmond beeinflusst Haut und Knochen. Essen Sie Erdbeeren, dann ist deren stärkende Wirkung auf Ihre Haut und Knochen noch größer.

Konstruktives Arbeitsklima
Durch Ihre heutige Arbeitsauffassung wissen Sie jetzt auch Ihre Kollegen zu motivieren. Mit einer gemeinsamen Projektplanung geht es daher gut voran.

Die Anerkennung ernster Menschen gewinnen wir durch Leistung, die der Masse durch Glück.
François de La Rochefoucauld

Tipp Seien Sie konsequent und sagen Sie ab, wenn Sie für den Abend etwas ausgemacht haben, aber inzwischen überhaupt nicht mehr in Stimmung sind. An einem Steinbocktag ist das die richtige Lösung!

27. Woche 2023

Juli

5
Mittwoch

Elementengruppe: ***Luft***
Besondere Nahrungsverträglichkeit: ***Fett***
Beeinflusster Pflanzenteil: ***Blüte***
Dominierte Körperregionen: ***Unterschenkel, Venen***

! Wenn Sie merken, dass Sie mit Ihrer Kritik allein dastehen, ist es doch sicherlich angebracht, zumindest darüber nachzudenken, ob Sie vielleicht falschliegen könnten! Oder unterläuft Ihnen wirklich niemals ein Irrtum?

Schönheit und Wohlbefinden

An Lufttagen ist das Haarewaschen begünstigt. Übrigens: Eine Spülung mit Apfelessig kräftigt das Haar und verleiht ihm schönen Glanz!

Die Muse wartet

Alle musisch Veranlagten, die heute einem künstlerischen Hobby frönen, die beispielsweise ein Instrument spielen oder Gedichte schreiben, werden vom Wassermannmond besonders inspiriert.

6
Donnerstag

19.34

! Beweisen Sie heute Ihre Gewandtheit im Umgang mit den anderen. Das richtige Mittel, um zu bekommen, was Sie wollen, ist in jedem Fall viel Charme und keineswegs Druck!

Arbeiten rund ums Haus

- Wer in dieser Mondphase Fußbodenbeläge verlegt, darf davon ausgehen, dass der Kleber besser hält und sie sich nicht aufwerfen.
- Der abnehmende Mond in einem Luftzeichen ist erfahrungsgemäß hervorragend für alle Ausbesserungs- oder auch nur Reinigungsarbeiten an den Dachziegeln geeignet.

Fernweh?

Falls Sie jetzt verreisen wollen, haben Sie einen sehr günstigen Zeitpunkt ausgewählt. Sowohl Mondstand als auch -phase sind optimal.

7
Freitag

Elementengruppe: ***Wasser***
Besondere Nahrungsverträglichkeit: ***Kohlenhydrate***
Beeinflusster Pflanzenteil: ***Blatt***
Dominierte Körperregionen: ***Füße, Zehen***

Gute Gefühle

- Hören Sie heute auf die Stimme Ihres Herzens und zeigen Sie dem Partner geradeheraus, was er für Sie bedeutet. Und wenn Sie sich von ihm an diesem Fischetag keine Perfektion, dafür aber Sensibilität erwarten, bekommen Sie genau, was Sie wollen.
- Gibt es etwas Schöneres, als sich am Abend bei Kerzen- oder Mondschein in eine entspannte Stimmung hineinzuträumen? Tun Sie genau das – und zwar zu zweit!

Auf ernstem Lebensgrunde
zeigt sich das Heitere so schön.
Goethe

8
Samstag

21.20

Perspektive
Von 11.57 bis 13.57 Uhr bilden Mond und Merkur ein Trigon: Da haben Sie nicht nur die richtigen Worte, sondern auch die passende Geste parat, um jemanden, den Sie verprellt hatten, wieder auf Ihre Seite zu bringen.

Tipp Bei dieser Mondkonstellation ist eine ausleitende Fußreflexzonenmassage nicht nur sehr entspannend, sondern schlicht unentbehrlich!

Sommer
Während richtiger Hitze sollte auch der Kompost gewässert werden, damit er schön feucht bleibt. Danach bedeckt man ihn gegen das Austrocknen mit einer dünnen Rasenschnittschicht.

Tipp Für den seelischen Ausgleich sollte am Abend (vor allem eines Fischetages) immer Zeit sein. Und wenn Sie nur eine halbe Stunde meditieren!

9
Sonntag

Elementengruppe: ***Feuer***
Besondere Nahrungsverträglichkeit: ***Eiweiß***
Beeinflusster Pflanzenteil: ***Frucht***
Dominierte Körperregionen: ***Kopf, Gesicht***

Für mehr Wohlgefühl
Nützen Sie diese Mondphase, falls Sie entschlacken oder abnehmen wollen. Übrigens: Brennnesseltee wirkt nun besonders blutreinigend!

Ob in Küche oder Garten
Denken Sie immer wieder daran: An Feuertagen kann Fett beim Braten und Grillen sehr heiß werden, sodass Brandgefahr gegeben ist.

Vergnügen
An Widdertagen steht einem weniger der Sinn nach Ausruhen. Da möchte man eher was erleben. Und das ist das beste Mittel gegen trübe Gedanken!

10
Montag
03.49

Der Garten ruft
- Die Zeit ist reif und dieser Feuertag sehr günstig, um den stark wachsenden Tomaten (möglichst sorgfältig!) die Achseltriebe zu entfernen.
- Der Schnitt von Obstgehölzen und das Einschlagen sowie Spalten von Brennholz sind bei dieser Mondkonstellation zu empfehlen.

Rückgrat zeigen
- Sie sind nun bereit, an sich selbst zu arbeiten. Und so schaffen Sie es, alle Anflüge von Aggression oder Egoismus zu unterdrücken.
- Zudem überraschen Sie den Partner damit, dass Sie eher zuhören als selbst zu reden und gewisse Entscheidungen völlig ihm überlassen.

Charakter ist in der moralischen Welt,
was in der physischen das Knochengebäude.
Karl Julius Weber

11
Dienstag

01.57

Elementengruppe: **Erde**
Besondere Nahrungsverträglichkeit: **Salz**
Beeinflusster Pflanzenteil: **Wurzel**
Dominierte Körperregionen: **Kiefer, Hals, Nacken**

Mensch und Tier

- Nehmen Sie heute gleich nach dem Aufwachen wieder mal ein kurzes, aber duftendes Vollbad – beispielsweise mit einem Sanddornzusatz. Das weckt so richtig Ihre Sinne!
- Die Mondkonstellation begünstigt es, beim einen oder anderen Haustier eine Krallenpflege durchzuführen. Vielleicht ist es ja wieder einmal nötig!

Einsatz zeigen

Präzision ist nun alles! Und wenn Sie sich darum mit aller Kraft bemühen, können Sie an diesem Stiertag bei größeren Anschaffungen eine wirklich glückliche Hand beweisen.

12
Mittwoch

Nur Mut!

Gehen Sie heute zu einem Bewerbungsgespräch? Sie müssen keine Furcht haben. Die Mondphase ist günstig, und der Stiermond trägt zu genug Realitätsbewusstsein bei.

Auch der längste Weg beginnt mit dem ersten Schritt.
Konfuzius

Aussaat und Ernte

- Beim momentanen Mondstand ist es günstig, Wurzelgemüse auszusäen: beispielsweise Radieschen, Rote Bete, Rettich oder Herbstrüben.
- Ernten Sie jetzt alles Obst und Gemüse, das schon reif sein müsste: z. B. Äpfel, Sauerkirschen, Strauchbeeren, Pflücksalat, Möhren oder Kohlrabi.

Tipp Vielleicht haben Sie abends die Gelegenheit, spontan einen Ausflug ins Grüne zu machen? Sie könnten sich dabei wunderbar entspannen.

13 Donnerstag

09.27

Elementengruppe: **Luft**
Besondere Nahrungsverträglichkeit: **Fett**
Beeinflusster Pflanzenteil: **Blüte**
Dominierte Körperregionen: **Schultern, Arme, Hände**

Beim jetzigen Mondstand ist man nicht gern allein. Da passt es viel mehr, alte **Kontakte** zu pflegen oder auch neue herzustellen.

An Zwillingetagen Entscheidungen zu treffen fällt eher schwer. Also, falls möglich, besser vertagen und vor allem nicht groß darüber reden!

14 Freitag

Kontakte

An diesem Zwillingetag sind Sie aufgeschlossen und zeigen Fremden gegenüber viel Interesse. Aber akzeptieren Sie auch gewisse Grenzen, die von ihnen gezogen werden!

Man kann nicht stets das Fremde meiden,
das Gute liegt uns oft so fern.
Goethe

15 Samstag

19.15

Die Arbeit geht nie aus

- Wer selbst Kräutersalben herstellt, sollte diesen Tag dafür nützen. Denn die Mondkonstellation begünstigt jetzt das Trocknen und Abfüllen von Heilkräutern.
- Kontrollieren Sie wieder einmal Ihre Rosen. Sollten sie von Mehltau befallen sein, müssen Sie die betroffenen Pflanzenteile sofort entfernen.
- Vielleicht steht es ja an, eine Hecke zurückzuschneiden! Der abnehmende Mond in einem Luftzeichen ist jedenfalls sehr günstig dafür.

16 Sonntag

Elementengruppe: **Wasser**
Besondere Nahrungsverträglichkeit: **Kohlenhydrate**
Beeinflusster Pflanzenteil: **Blatt**
Dominierte Körperregionen: **Magen, Lunge, Galle, Leber**

Neue Frische
Der Sommer ist die beste Jahreszeit, um wieder mal die Gardinen zu waschen. Etwas Zucker im letzten Spülwasser macht sie wieder wie neu!

Optimale Kost
Eine sommerlich leichte Blumenkohlsuppe ist heute genau das Richtige! Die wird beim jetzigen Mondstand prima, und dieses Gemüse schont den Darm.

Perfekte Freizeit
Legen Sie zu Hause so oft wie möglich die Beine hoch, und denken Sie nur noch an Schönes. Wenn der Mond in einem Wasserzeichen steht, fällt das Abschalten leichter!

17 Montag

20.33

Sinn für Neues
Heute ist ein guter Tag für neue Ideen und die Planung der Zukunft. Unter Umständen überlegen Sie ja, Haus bzw. Wohnung umzugestalten. Oder Sie prüfen berufliche Angebote. Nützen Sie für solche Überlegungen diesen Neumond im Krebs.

Vorsicht!
Was Sie nun ernten, sollte nicht eingelagert werden, sondern sofort im Kochtopf landen.
Blumenkohl, Feldsalat oder Spinat sind sicher schon reif!

Ein ruhiger Abend
Nach den Aufregungen an einem Krebstag ist abends ein Melissenbad genau das Richtige. Es beruhigt die Nerven und sorgt für guten Schlaf.

18
Dienstag

06.41

Elementengruppe: **Feuer**
Besondere Nahrungsverträglichkeit: **Eiweiß**
Beeinflusster Pflanzenteil: **Frucht**
Dominierte Körperregionen, -funktionen: **Herz, Kreislauf, Blutdruck**

Die Gunst der Stunde nutzen

- Vielleicht haben Sie ja neue Beete angelegt, um noch Erdbeeren zu pflanzen? Die nun gegebene Mondkonstellation ist jedenfalls optimal dafür.
- Der Zeitpunkt ist ebenfalls sehr gut, um Buschbohnen zu legen oder auch Kürbisse, Gurken und Zucchini zu pflanzen.

19
Mittwoch

Sie haben **Neues** im Kopf und beginnen gleich mit der Umsetzung? Sie müssen aber auch unbedingt darauf achten, was die anderen dazu meinen.

Falls Sie heute besonders große **Eifersucht** empfinden, sollten Sie nicht gleich Konsequenzen ziehen. Vielleicht liegt ja alles nur am Mond!

Sicher läuft heute irgendwo eine **Veranstaltung**, die Ihr kunstverständiges Herz höherschlagen lässt! Gehen Sie hin, und genießen Sie es.

20
Donnerstag

19.14

Für Herz und Aussehen

- Der Verzehr von Fruchtgemüse, Papaya und Äpfeln stärkt das Herz. Mondstand und -phase erhöhen diesen Effekt jetzt noch bedeutend.
- Ob man es wahrhaben möchte oder nicht – Alkohol ist ein Dickmacher. Versuchen Sie vor allem bei zunehmendem Mond, etwas kürzerzutreten!

Wer sich selbst beherrscht, der ist der weise Mann.
Euripides

21 Freitag

Elementengruppe: **Erde**
Besondere Nahrungsverträglichkeit: **Salz**
Beeinflusster Pflanzenteil: **Wurzel**
Dominierte Körperfunktionen: **Stoffwechsel, Verdauung**

Arbeit
Überschießende Kreativität ist an diesem Jungfrautag nicht gerade Ihre Stärke. Aber mit viel Konzentration und Ausdauer kommen Sie auch ein großes Stück voran.

Kommunikation
Bevor Sie heute jemanden kritisieren, müssen Sie sich zunächst ehrlich fragen, ob Ihre Ansprüche überhaupt erfüllbar oder zu realitätsfern sind.

Freizeit
Ob im Garten, auf dem Balkon oder am offenen Fenster – schmökern Sie in Ihrer Lieblingsliteratur, und schnappen Sie viel frische Luft dabei.

22 Samstag

Zu beachten
In dieser Mondphase sind alle Methoden für eine aufbauende Hautpflege zu empfehlen. Die Herstellung von Kosmetiksalben ist aber weniger günstig.

Arbeit und Erholung im Garten
- Bei zunehmendem Mond in Löwe oder Jungfrau herrschen die allerbesten Bedingungen, um eine Rasenfläche anzusäen.
- Folgende Arbeiten sind an diesen Erdtagen begünstigt: den Komposthaufen feststampfen sowie Bäume und Hecken pflanzen.
- Ein Garten ist nicht nur zum Arbeiten da. Sie sollten ihn ab und an auch einfach mal genießen! Legen Sie sich ins Gras, und träumen Sie …

Von 16.50 bis 18.50 Uhr (Mond-Uranus-Trigon) haben Sie nicht nur den **Tatendrang**, sondern auch die nötige Findigkeit anzupacken, was Sie sich vorgenommen haben. Einer erfolgreichen Erledigung steht nichts im Weg!

23
Sonntag

07.55

Elementengruppe: ***Luft***
Besondere Nahrungsverträglichkeit: ***Fett***
Beeinflusster Pflanzenteil: ***Blüte***
Dominierte Körperregionen: ***Hüfte, Nieren, Blase***

Die heutige Mondkonstellation ist optimal, um wieder mal selbst **Kuchen** zu backen. Nun wird er Ihnen nämlich phantastisch locker geraten.

Unter dem Einfluss des Waagemonds hat man viele **Interessen**. Man geht z. B. gern ins Theater bzw. Museum oder hört mit großem Interesse Musik.

24
Montag

! Mit ein wenig Engagement gelingt es Ihnen heute, auch einem skeptischen Gesprächspartner darzulegen, weshalb Sie an geplante Änderungen glauben. Sie dürfen nur nicht Ihre Vision aufgeben, dann können Sie sein Interesse wecken.

Gewusst wie!
Versuchen Sie an diesem Waagetag, positive Signale auszusenden. Dann kommen sicher auch welche zurück, und der Tag wird noch besser!

25
Dienstag

18.57

Mond und Pflanzenwelt
- Der späte Vormittag ist heute ein guter Zeitpunkt, um heilkräftige Blüten zu sammeln. Sie können gegen ziemlich viele Gesundheitsprobleme eingesetzt werden.
- Diese Mondkonstellation ist günstig, um herbstblühende Zwiebelgewächse, wie z. B. Herbstzeitlose oder Herbstkrokus, auszupflanzen.
- Jetzt begünstigte Arbeiten sind z. B. auch das Setzen und Vermehren von Lilien und Steppenkerzen sowie das Teilen von Stauden.

26
Mittwoch

☽

00.08

Elementengruppe: **Wasser**
Besondere Nahrungsverträglichkeit: **Kohlenhydrate**
Beeinflusster Pflanzenteil: **Blatt**
Dominierte Körperregionen: **Sexualorgane, Harnleiter**

Überlegenheit
In der Zeit zwischen 6.29 und 8.29 Uhr haben Sie aufgrund des jetzt gegebenen Mond-Saturn-Trigons keinen Grund, Ihre Meinung zu verschweigen. Sie überzeugen die anderen auch ziemlich schnell dadurch, dass Sie genauer argumentieren!

Tipp Ihr Körper wird es Ihnen sicherlich danken, wenn Sie sich nun gesund und leicht ernähren, z. B. mit Blattgemüse, Salat, Saft und Mineralwasser.

Erlebniswelt
An Stier- und vor allem an Skorpiontagen ist man sinnlicher veranlagt als sonst, auch in erotischer Hinsicht. Stehen Sie dazu, und genießen Sie es!

27
Donnerstag

☽

! Bisweilen ist es wirklich besser, nichts zu sagen als nur ein einziges Wort zu viel. Heute ist z. B. solch ein Tag! Sie könnten sich sonst nämlich mehr verderben, als je wieder gutzumachen ist. Falls Sie aber in keiner Situation die Beherrschung verlieren, ist nichts zu befürchten!

Hat Ihr **Gartenteich** aufgrund der Sommerhitze mittlerweile zu viel Wasser verloren? Falls ja, sollten Sie das bei diesem Mondstand regulieren.

Fahren Sie abends doch an einen **See** oder **Fluss**. Und suchen Sie sich dort ein ruhiges Plätzchen, um nachzudenken, zu meditieren …

Benutze redlich deine Zeit!
Willst was begreifen, such's nicht weit.
Goethe

28 Freitag

02.25

Elementengruppe: ***Feuer***
Besondere Nahrungsverträglichkeit: ***Eiweiß***
Beeinflusster Pflanzenteil: ***Frucht***
Dominierte Körperregionen: ***Oberschenkel, Venen***

Eine Menge guter Gefühle

- Schützetage sind ideal für das Schließen von neuen Bekanntschaften. Unter Umständen ist nun ja jemand dabei, der Ihr Herz erobern kann!
- Am Abend sollten Sie erst einmal Ihre Gedanken ordnen, sonst werden Sie – egal was Sie tun – nicht richtig abschalten und sich erholen können.
- Die jetzige Mondphase ist für eine regenerierende Fußreflexzonenmassage hervorragend geeignet. Sie werden sich danach viel besser fühlen.
- Wer vor dem Schlafengehen noch nicht genügend Bewegung hatte, sollte zumindest etwas Gymnastik treiben.

Es lebt nur der, der lebend sich am Leben freut.
Menander

29 Samstag

! Sie wissen, dass manchmal nichts sicher ist und sogar das eigentlich Selbstverständliche wieder erkämpft werden muss. Setzen Sie sich heute unerschrocken für Ihre Belange ein. Dann erobern Sie sich neue Freiräume!

Tipp Heute haben Sie die nötige Konzentration, um bei der Durchsicht von Akten auf einige Details zu stoßen, die Sie bisher wohl übersehen hatten.

Mond und Gartenarbeit

- Der Mond steigt seit gestern auf, daher ist die Zeit für das Ernten jetzt wieder besonders günstig. Und entfernen Sie auch gleich das Fallobst!
- Sie haben große Lust auf Ihre selbst gezogenen Tomaten, aber die reifen erst noch? Kappen Sie die Spitzen der Pflanzen, dann geht's schneller.

Zieht es Sie abends noch nach draußen? Freuen Sie sich auf die Menschen, das Stimmengewirr und Gelächter? Dann auf ins **pralle Leben**!

30
Sonntag

05.45

Elementengruppe: **Erde**
Besondere Nahrungsverträglichkeit: **Salz**
Beeinflusster Pflanzenteil: **Wurzel**
Dominierte Körperregionen: **Knie, Haut, Knochen**

Pro und kontra
Sie ärgern sich über den Partner? Sehen Sie nicht nur das, was Ihnen an ihm missfällt. Denken Sie immer auch an das, was Sie an ihm bewundern!

Auf der Suche
Falls Sie heute kaum genug innere Ruhe finden, um abzuschalten, sollten Sie abends etwas lesen, noch ein Bad nehmen und bald schlafen gehen!

Du bist nicht auf der Erde, um unglücklich zu werden.
Doch Glück ist allein der innere Friede.
Lern ihn finden. Du kannst es.
Buddha

31
Montag

An einem Steinbocktag in Vollmondnähe sind **Pflegemaßnahmen**, welche die Haut ernähren (ganz besonders Gesichtsmasken), äußerst wirksam.

Pflanzen, ernten, einlagern
- Das Pflanzen von Nadelgehölzen und Immergrünen wird jetzt vom Mond unterstützt. Es ist unter diesen Umständen nämlich mit gutem Gedeihen und geradem Wuchs zu rechnen.
- Bei der momentanen Mondkonstellation ist das Ernten und Einlagern von Wurzelgemüse besonders empfehlenswert: beispielsweise Möhren, Rettich und Lauch.
- Und alles frisch geerntete Wurzelgemüse, das Sie nicht gleich verzehren oder einlagern, kochen Sie am besten ein. Es wird sehr lange halten und besonders schmackhaft bleiben!

Ihre Disziplin und Konzentration bei zunehmendem Mond im Steinbock tragen dazu bei, dass Sie mit einer **Projektentwicklung** gut vorankommen.

1
Dienstag

20.33

05.59

Nationalfeiertag der Schweiz

Elementengruppe: ***Luft***
Besondere Nahrungsverträglichkeit: ***Fett***
Beeinflusster Pflanzenteil: ***Blüte***
Dominierte Körperregionen: ***Unterschenkel, Venen***

! Wenn Sie sich heute grundsätzlich nur denken, dass Sie eh jeder und alles nerven wird, bestehen gute Chancen, dass das genau so eintritt. Seien Sie optimistisch, dann wird vieles besser laufen als zunächst erwartet.

Bedenken Sie: Der Vollmond wirkt auch auf unser **Seelenleben**, was sich u.a. in Unruhe, Aggressionen und Schlafstörungen ausdrücken kann.

Bei diesem Mondstand ist man meist für andere da, geht manchmal aber auch gern eigene Wege. Bemühen Sie sich jetzt um eine gute **Mitte**!

Es schadet nicht, den Garten jetzt ruhen zu lassen. Wenn der Vollmond im Wassermann steht, ist außer **Düngen** eh keine Arbeit begünstigt.

2
Mittwoch

Negativ
Phantasie ist ein Segen. An diesem Wassermanntag hat man genug davon. Aber wenn sie zu bunte Blüten treibt, kann es auch mal peinlich werden! Denken Sie nun daran, falls Sie jemandem neue Ideen vorstellen möchten.

Positiv
- Die Zeit nach Vollmond ist begünstigt, falls man eine Bewerbung formulieren möchte. Jetzt treffen Sie fürs Anschreiben sicher den richtigen Ton!
- Die Gewissheit, sich auf den Partner verlassen zu können, verleiht Ihnen an diesem Lufttag geradezu Flügel. Sie haben richtigen Aufwind!

Vertrauen ist Mut, und Treue ist Kraft.
Marie von Ebner-Eschenbach

3 Donnerstag

Elementengruppe: ***Wasser***
Besondere Nahrungsverträglichkeit: ***Kohlenhydrate***
Beeinflusster Pflanzenteil: ***Blatt***
Dominierte Körperregionen: ***Füße, Zehen***

05.07

Verlieren Sie nicht die **Geduld**, wenn eine schwierige Arbeit nicht auf Anhieb klappt. Lassen Sie sich genügend Zeit oder auch von jemandem helfen! Müssen Sie z. B. Unterlagen sichten, aussortieren, ablegen etc.? Wenn Sie in der Zeit von 13.54 bis 15.54 Uhr (Mond-Saturn-Konjunktion) mit eiserner Disziplin und großer Konzentration ans Werk gehen, gelingt es Ihnen, für die nötige Ordnung zu sorgen.

Und weiter geht's im Garten

- Während dieses Monats befinden sich im Komposthaufen noch nicht allzu viele Schneckeneier. Setzen Sie ihn jetzt für den Herbstverbrauch um.
- Für das Pflanzengießen ist der Wassermond optimal. Benutzen Sie dabei keinen Gartenschlauch, sondern eine Gießkanne. Deren Strahl ist sanfter!

4 Freitag

Tipp In dieser Mondphase ist es wieder leichter zu entschlacken. Ernähren Sie sich heute zu diesem Zweck von Salat und Mineralwasser.

Sie erarbeiten zurzeit ein Projekt? Unter dem Einfluss des Fischemondes besitzen Sie genug **Kreativität**, um den richtigen Weg einzuschlagen.

Der Sommer ist die beste Jahreszeit, um wieder mal die **Gardinen** zu waschen. Etwas Zucker im letzten Spülwasser macht sie wieder wie neu.

Nützen Sie die momentane Konstellation von abnehmendem Mond und Wasserzeichen, um **Gründüngung** zu säen bzw. einzuarbeiten.

Tipp Im August verabschiedet sich der Sommer meistens. Falls nun warme Temperaturen herrschen, sollten Sie noch mal ausgiebig schwimmen gehen.

August

5
Samstag

05.20

Elementengruppe: ***Feuer***
Besondere Nahrungsverträglichkeit: ***Eiweiß***
Beeinflusster Pflanzenteil: ***Frucht***
Dominierte Körperregionen: ***Kopf, Gesicht***

Haus und Garten

- Braucht Ihre Hausfassade vielleicht einen neuen Anstrich? Die momentane Mondkonstellation ist dafür nämlich besonders günstig.
- Sollten Sie Gewächshausgurken ziehen, ist es ratsam, nun einmal die Seitentriebe fünf Zentimeter nach dem ersten Fruchtansatz zu kappen.
- Nützen Sie Mondphase und -stand, um Ihre Obstgehölze zu düngen. Das trägt viel zur Bildung der Blütenansätze für das nächste Frühjahr bei.

Genuss ohne Reue

Genießen Sie den Abend – egal ob Sie ein Restaurant, eine Diskothek oder ein Konzert besuchen.
Aber zügeln Sie wegen des Mondstands unbedingt den Alkoholkonsum!

6
Sonntag

Widdermond und Körper

- Beugen Sie an Widdertagen ganz bewusst dem erhöhten Migräne- und Kopfschmerzrisiko vor, indem Sie auf die typischen Genussmittel (wie Kaffee, Alkohol oder Schokolade) verzichten. Sie sollten sie zumindest sehr deutlich reduzieren!
- Die jetzige Mondkonstellation ist ideal, um ausgiebig Sport zu treiben. Sie werden sich danach körperlich und seelisch noch besser fühlen.

Einkochen und reinigen

- Bei zunehmendem Widdermond ist das Einkochen von Obst und Fruchtgemüse zwar noch ergiebiger, aber auch in dieser Phase ist es ganz klar zu empfehlen.
- Sortieren Sie nun schon mal die erste Sommergarderobe aus, die Sie nicht mehr brauchen werden. Und bringen Sie sie morgen dann in die chemische Reinigung.

7
Montag

08.26

Elementengruppe: **Erde**
Besondere Nahrungsverträglichkeit: **Salz**
Beeinflusster Pflanzenteil: **Wurzel**
Dominierte Körperregionen: **Kiefer, Hals, Nacken**

Mond und Gesundheit

- Wenn bei Ihnen jetzt starke Verspannungen im Nackenbereich auftreten, ist es das Beste, sich dort möglichst schnell massieren zu lassen.
- Im Falle einer Halsentzündung sollten Sie möglichst häufig mit Blutwurztee oder verdünntem Teebaumöl (nicht schlucken!) gurgeln. Das hilft.

8
Dienstag

12.30

- An Stiertagen besitzt man viel Einfühlungsvermögen für andere Menschen. Deshalb können Gespräche jetzt sehr angenehm verlaufen.
- Bastler werden bei dieser Mondkonstellation in ihrer Leidenschaft völlig aufgehen. Und für Genießer ist ein Essen zu zweit die totale Krönung!

Der Mensch ist nichts anderes, als wozu er sich macht.
Jean-Paul Sartre

9
Mittwoch

15.06

Arbeit in Haus ...

Nützen Sie den abnehmenden Mond in einem Erdzeichen, um feucht Staub zu wischen. Dann werden auch die hintersten Winkel wieder perfekt!

... und Garten

Die momentane Mondkonstellation begünstigt z. B. das Setzen bzw. Ernten und Einlagern von Wurzelgemüse, das Lockern sowie Mulchen des Bodens und die Bekämpfung unterirdischer Schädlinge.

10
Donnerstag

Elementengruppe: ***Luft***
Besondere Nahrungsverträglichkeit: ***Fett***
Beeinflusster Pflanzenteil: ***Blüte***
Dominierte Körperregionen: ***Schultern, Arme, Hände***

Gesunde Haut und tiefer Schlaf

- In dieser Mondphase ist eine Tiefenreinigung der Haut besonders wirksam. Der Körper ist jetzt nämlich sozusagen auf Abgabe programmiert.
- Dieser Zwillingetag ist ein sehr guter Termin, um Kräuterkissen herzustellen. Eine Füllung mit Baldrian oder Hopfen beugt beispielsweise Schlafstörungen vor.

Obst und Stauden

- Die Mondkonstellation begünstigt z. B. die Entfernung der Wassertriebe beim Kernobst und den Rückschnitt der Seitentriebe beim Spalierobst.
- Auch für das Zurückschneiden von frühlingsblühenden Stauden ist dieser Termin sehr geeignet.

11
Freitag

Intensität

Beim Schreiben eines Textes können Sie zwischen 8.53 und 10.53 Uhr (Mond-Venus-Sextil) die besten Ideen des Tages haben – und sich beim Abwägen sowie Bewerten auch wieder einmal völlig auf Ihren guten Geschmack verlassen!

Lebendige Kommunikation

Kontakte sind Ihnen jetzt wichtig. Sie nehmen alles gleichermaßen ernst – ob Sie alte Freundschaften pflegen oder neue Bekanntschaften machen. Heute helfen Sie beispielsweise einem Freund, falls der Sie braucht, nicht aus Pflichtgefühl, sondern weil es Ihnen ein echtes Bedürfnis ist, dass es ihm besser geht.

Nimm dir Zeit für deine Freunde, sonst nimmt dir die Zeit die Freunde.

André Brie

12 Samstag

00.53

Elementengruppe: Wasser
Besondere Nahrungsverträglichkeit: Kohlenhydrate
Beeinflusster Pflanzenteil: Blatt
Dominierte Körperregionen: Magen, Lunge, Galle, Leber

Krebsmond und Leber

Beim jetzigen Mondstand sollten Sie auch besonders auf Ihre Leber achten. Essen Sie jetzt beispielsweise

- **Artischocken**, die dieses Organ schützen, sowie
- **Soja**, das die Leber wirkungsvoll entfettet.

13 Sonntag

Gefühlsstürme

Da gibt es jemanden, der viel für Sie empfindet? Aber Sie sind sich unsicher, wie Sie zu ihm stehen? Befragen Sie bei diesem Mondstand Ihr Herz, dann wissen Sie mehr!

Was auch behaupte die Philosophie, trau dem Gefühl!
Es täuscht dich nie.

Alfred von Sallet

14 Montag

12.37

Spiritualität

Wenn Sie an Phänomene, die sich der normalen sinnlichen Wahrnehmung gemeinhin entziehen, glauben, können Sie zwischen 6.59 und 8.59 Uhr ein paar sehr bereichernde Erfahrungen machen. Da bilden Mond und Neptun nämlich ein Trigon.

Tipp Jetzt passen Zeitpunkt, Mondphase sowie -stand, um beim Rosenkohl den Spitzentrieb auszubrechen.

15
Dienstag

Mariä Himmelfahrt

Elementengruppe: ***Feuer***
Besondere Nahrungsverträglichkeit: ***Eiweiß***
Beeinflusster Pflanzenteil: ***Frucht***
Dominierte Körperregionen, -funktionen: ***Herz, Kreislauf, Blutdruck***

Gutes Miteinander
Der Mond im Löwen erleichtert die Kommunikation. Man hat kaum Berührungsängste, was aber oft auch dazu führt, andere dominieren zu wollen. Wenn Sie aber diese Neigung heute unterdrücken, wird es ein guter Tag.

Große Leidenschaft
An Löwetagen kommen meist große Gefühle ins Spiel: Von der werbenden Zärtlichkeit bis zum ungebremsten Eroberungsdrang ist nun alles möglich!

Das Leben als Ritual
Ein Abend in der Gesellschaft von vertrauten Menschen, mit guten Gesprächen während eines feinen Essens, würde Sie jetzt sehr befriedigen.

16
Mittwoch

11.39

Köstlich und gesund zugleich
Heute sind die gesündesten Obstsorten: Äpfel, die das Herz kräftigen, Birnen, die zur Blutbildung beitragen, und Pfirsiche, die die Blutgefäße stärken.

Gewusst wie
Werden Sie nicht nervös, wenn heute einiges Ihren Zeitplan durcheinanderbringt. Sie sind an diesem Löwe-Neumondtag kreativ genug, um trotzdem alles in den Griff zu kriegen!

Mondpause
Sie beginnt um 11.39 Uhr und wird sich etwa 13,5 Stunden hinziehen.
In Ruhe nachzudenken – ob über berufliche Projekte oder ganz private Pläne – ist in dieser Situation besonders empfehlenswert.

17
Donnerstag

Elementengruppe: **Erde**
Besondere Nahrungsverträglichkeit: **Salz**
Beeinflusster Pflanzenteil: **Wurzel**
Dominierte Körperfunktionen: **Stoffwechsel, Verdauung**

01.15

Fest im Sattel

- Der jetzige Mondstand unterstützt es, die schon seit langem liegen gebliebene Korrespondenz zu erledigen. Sie müssen jetzt nicht groß überlegen!
- Sie sind relativ ausgeglichen und können deshalb souverän darüber hinwegsehen, wenn andere nicht in Ihrem Sinne handeln.

18
Freitag

Haus- und Gartenarbeit

- Der Mond durchwandert die Jungfrau und erhöht die Geschicklichkeit beim Schaffen von Ordnung. Daher geht jetzt alles schneller!
- Folgendes ist nun empfehlenswert: den Komposthaufen feststampfen, Rasen säen sowie Bäume und Hecken pflanzen.
- Heute zu ernten ist nicht günstig. Was Sie aber dennoch ernten, sollten Sie nach Möglichkeit gleich verzehren und auf gar keinen Fall einlagern oder konservieren!

19
Samstag

13.55

Tipp An Jungfrautagen kann es schnell zur Verstopfung kommen. Essen Sie jetzt Pfirsiche – die beugen vor bzw. beschleunigen die Darmpassage.

! Sie sollten die Freizeit nicht über die Köpfe der anderen Familienmitglieder hinweg verplanen. Beziehen Sie alle in Ihre Überlegungen mit ein. Sonst verderben Sie die eigentlich gute Laune.

Tipp Bei zunehmendem Mond in einem Erdzeichen ist man bei Geldangelegenheiten sehr genau. Machen Sie mal wieder einen Kassensturz!

20
Sonntag

Elementengruppe: ***Luft***
Besondere Nahrungsverträglichkeit: ***Fett***
Beeinflusster Pflanzenteil: ***Blüte***
Dominierte Körperregionen: ***Hüfte, Nieren, Blase***

- Da der Mond jetzt in der Waage steht, ist es angeraten, sich vor Unterkühlung zu schützen. Setzen Sie sich nicht auf kalte oder feuchte Flächen!
- Wer öfter Stoffwechselprobleme zu beklagen hat, sollte an Lufttagen auf eine ausgewogene Ernährung achten und nicht zu fett essen.

Spaß

Bei einem Treffen mit Freunden könnten Sie sich jetzt am besten erholen – ob beim Tanzen in der Diskothek oder bei einem kulturellen Ereignis.
So zeichnen sich z. B. die späten Abendstunden von 22.09 bis 00.09 Uhr (Mond-Venus-Sextil) durch gute Laune, angenehme Kommunikation und die große Lust, etwas zu unternehmen, aus. Der Erholungsfaktor ist deshalb auch sehr hoch.

21
Montag

Mit purem Aktionismus werden Sie heute kein einziges Ihrer Ziele erreichen. Verschwenden Sie keine Zeit mit irgendwelchen **Nebensächlichkeiten**. Vermeiden Sie vor allem nutzlose Diskussionen.

Der heutige Mondstand begünstigt in allererster Linie künstlerische Tätigkeiten sowie alle Arbeiten, bei denen es auf **Detailgenauigkeit** ankommt.

Mond und Garten

- Sowohl die Mondphase als auch der Mondstand unterstützen nun das Auspflanzen von zweijährigen Blumen.
- Die Mondkonstellation begünstigt außerdem das Säen von Brokkoli sowie das Pflanzen bzw. Teilen von Stauden.

Unter dem Einfluss des Waagemonds hat man viele **Interessen**. Man geht z. B. gern ins Theater bzw. Museum oder hört mit großem Interesse Musik.

22
Dienstag

01.23

Elementengruppe: **Wasser**
Besondere Nahrungsverträglichkeit: **Kohlenhydrate**
Beeinflusster Pflanzenteil: **Blatt**
Dominierte Körperregionen: **Sexualorgane, Harnleiter**

Zu beachten

- Falls Sie mit dem Partner ein gravierendes Problem erörtern wollen, sollten Sie das an den Schütze- bzw. Steinbocktagen tun. Da ist es günstiger.
- Bei einer Projektplanung wissen Sie jetzt genau, worauf es ankommt: Ihre Kollegen müssen ebenso wie Sie von der Grundidee überzeugt sein.

Einerlei Gefühl, einerlei Wunsch, einerlei Hoffnung einigt.
Matthias Claudius

Tipp Bauen oder renovieren Sie momentan? Die Mondkonstellation begünstigt einen Erdaushub, da man die Wassersituation nun ziemlich schnell und klar erkennen kann.

23
Mittwoch

Für das körperliche Wohlbefinden

- An Waage- wie an Skorpiontagen bekommt man schnell mal Probleme mit der Blase. Blumenkohl, Kürbis und Sellerie können vorbeugen bzw. lindern!
- Bei diesem Mondstand sind Menstruationsbeschwerden meist stärker. Einige Obstsorten wirken da vorbeugend oder auch lindernd: z. B. Feigen, Himbeeren sowie Trauben.

Freude am Garten

- Wassertage bei zunehmendem Mond sind immer sehr günstig, um Blattkräuter zu pflücken – ob zum Würzen oder Teekochen.
- Ein Gartenteich ist etwas Besonderes, verursacht bisweilen aber auch viel Arbeit. Was Sie heute diesbezüglich anpacken, ist schnell erledigt.
- Mondphase und auch Mondstand sind optimal, um den Rasen zu mähen. Er wird dann nämlich besonders gleichmäßig nachwachsen.
- Jahreszeit und Mondkonstellation begünstigen jetzt noch die Aussaat von Spinat und Feldsalat sowie das Auspflanzen von Endivie und Blumenkohl.

24
Donnerstag

11.58

10.09

Elementengruppe: **Feuer**
Besondere Nahrungsverträglichkeit: **Eiweiß**
Beeinflusster Pflanzenteil: **Frucht**
Dominierte Körperregionen: **Oberschenkel, Venen**

Berufliches

- Nun denken Sie immer einen Schritt weiter. Auch Ihr Optimismus ist kaum zu bremsen. Diese Einstellung bringt Sie jetzt ein gutes Stück voran!
- Wer sich um eine bessere Bezahlung bemühen möchte, sollte das auf Montag (Steinbock!) verschieben. Da sind die Bedingungen günstiger.

25
Freitag

Haus und Garten

- Meist ist es Ende August noch warm genug, aber auch schon angenehm frisch. Nützen Sie deshalb diesen Feuertag, um gut durchzulüften.
- Nun sollte man auch schon mal sorgfältig das ganze Fallobst aufsammeln. Kontrollieren und belüften Sie zudem die bereits eingelagerten Früchte.
- Wer jetzt noch Erdbeeren pflanzt, muss leider damit rechnen, dass sie im kommenden Jahr nicht voll tragen werden. Aber das Pflanzen von Himbeeren oder die Veredelung von Obstgehölzen ist günstig.

26
Samstag

15.06

Privates

Sie schenken (durch den Schützemond beeinflusst) dem Partner nun große Aufmerksamkeit. Denn er soll nicht das Gefühl bekommen, dass Sie viele seiner Belange nicht interessieren.
Wie wäre es mit einem Abend zu zweit? Machen Sie es sich mit dem Partner zu Hause gemütlich. Da kann Sie dann auch niemand so einfach stören!

Du brauchst nur zu lieben, und alles ist Freude.
Leo N. Tolstoi

27
Sonntag

Elementengruppe: **Erde**
Besondere Nahrungsverträglichkeit: **Salz**
Beeinflusster Pflanzenteil: **Wurzel**
Dominierte Körperregionen: **Knie, Haut, Knochen**

Ist bei Ihnen in letzter Zeit nicht alles perfekt gelaufen? Trauern Sie dem nicht länger nach. Sie wissen ja: Das waren nicht Ihre letzten Chancen!

Irrwege müssen begangen werden,
um sich als Irrwege zu erweisen.
Paul Watzlawick

Mond und Garten

- Jetzt wird im Garten immer mehr Fallobst zu finden sein. Sammeln Sie es regelmäßig auf. Das unterbindet die Ausbreitung von Schädlingen.
- Wer eine Erdmiete ausheben möchte, um weiteres Erntegut einzulagern, sollte damit unbedingt bis zum abnehmenden Mond warten.

28
Montag

16.33

Erfahrung

Melancholie, in die man an Steinbocktagen schneller verfällt als sonst, ist kein Problem, wenn sie zur Selbstbesinnung, nicht zu Selbstmitleid führt.

Mond und Schönheit

- Mondstand und -phase sind optimal, um eine besonders intensive Hauternährung zu erreichen. Beispielsweise durch eine Gesichtsmaske gegen zu trockene Haut: 2 EL saure Sahne, Weizenkeimflocken sowie 1 EL Honig zu einem dicken Brei verrühren und auftragen. 15 Minuten einwirken lassen, danach abwaschen.
- Die Mondkonstellation ist zudem sehr günstig, um die nötigen Korrekturen an eingewachsenen Nägeln vorzunehmen.

Empfehlung

Wie wär's mit einem Theaterbesuch? Vielleicht haben Sie abends ja mehr Lust, in fremde Welten einzutauchen, als über die eigene nachzugrübeln!

August

29 Dienstag

Elementengruppe: ***Luft***
Besondere Nahrungsverträglichkeit: ***Fett***
Beeinflusster Pflanzenteil: ***Blüte***
Dominierte Körperregionen: ***Unterschenkel, Venen***

Ernährung
Mahlzeiten mit viel Zwiebeln sind beim jetzigen Mondstand ganz besonders zu empfehlen. Zwiebeln lindern nämlich eventuelle Venenbeschwerden.

Wenn die Muse ruft
Steht Ihnen an diesem Wassermanntag der Sinn nach viel Kultur? Suchen Sie sich etwas aus, das zu Ihrer jetzigen Stimmung passt. Ob Konzert, Theater, Oper oder Kino – Sie werden es genießen.

In Zeiten der Kultur
steht jeder Mensch an seiner richtigen Stelle.
Paul Ernst

30 Mittwoch

15.58

Heißer Tipp für Gärtner
Eigentlich jätet man Unkraut am besten bei abnehmendem Steinbockmond. Aber auch bei zunehmendem Mond im Wassermann ist es günstig. Versuchen Sie es einfach mal!

Kurz nach 5 Uhr früh beginnt eine knapp elfstündige **Mondpause**.
Bis etwa 16 Uhr sind vor allem größere Projektplanungen begünstigt – vorausgesetzt, Sie bemühen sich um absolute Konzentration und erachten die geleistete Arbeit noch nicht als endgültig.

Guter Rat zur Freizeitgestaltung
Sie möchten den Abend in Gesellschaft verbringen? Ihr Vorsatz sollte sein: Vor allem die anderen erzählen lassen und selbst mehr zuhören! Das wird sich in jedem Fall lohnen.

31
Donnerstag

03.37

Elementengruppe: ***Wasser***
Besondere Nahrungsverträglichkeit: ***Kohlenhydrate***
Beeinflusster Pflanzenteil: ***Blatt***
Dominierte Körperregionen: ***Füße, Zehen***

Vollmond allgemein und Körper
Operationen sollte man bei Vollmond grundsätzlich immer vermeiden – und zwar in allen Körperregionen. Jetzt sind Blutungen erfahrungsgemäß einfach deutlich stärker!

Vollmond heute und Privates
Das Wichtigste ist jetzt, dass Sie alles vermeiden, was die eigentlich harmonische und zärtliche Stimmung in Ihrer Beziehung stören könnte.

Vollmond in den Fischen und Träume
Sich wieder einmal seinen Träumen hinzugeben oder zu meditieren ist bei dieser Mondkonstellation immer eine sehr bereichernde Erfahrung.

1
Freitag

15.26

Bei Mond in einem Wasserzeichen ist man oft nervös. Beginnen Sie diesen Tag mit **Yogaübungen** oder einer **Musikmeditation**. Das hilft.
Bringen Sie an diesem Fischetag z. B. Feldsalat, Kohlrabi, Fenchel, Spinat oder Mangold auf den Tisch. Die stärken alle das **Nervenkostüm**.

Spontaneität
Müssen Sie in der Zeit zwischen 10.15 und 12.15 Uhr relativ schnell einen Entschluss fassen? Da bilden Mond und Neptun gerade eine Konjunktion: Deshalb liegen Sie mit Ihrer Wahl richtig, wenn Sie nicht nur sachlich abwägen, sondern auch auf Ihr Gefühl achten.

Ein **Bewerbungsgespräch** wäre aufgrund der Mondkonstellation jetzt wohl von Erfolg gekrönt. Ihre phantasievollen Antworten machen Eindruck!
Trubel würde Sie am Abend wahrscheinlich eher abschrecken. Aber in **Ruhe** mit zwei, drei Freunden etwas Zeit zu verbringen gefällt Ihnen sicher.

2
Samstag

Elementengruppe: ***Feuer***
Besondere Nahrungsverträglichkeit: ***Eiweiß***
Beeinflusster Pflanzenteil: ***Frucht***
Dominierte Körperregionen: ***Kopf, Gesicht***

An diesem Widdertag wissen Sie das Gute an Ihrer Beziehung zu schätzen und halten sich daher nicht mit **Kleinigkeiten** auf, die nicht perfekt sind.

Schon motiviert für Verhandlungen in der nächsten Woche? Denken Sie nun nochmals genau durch, wie Sie zu hohe **Forderungen** vermeiden.

Ihre Fenster haben es wieder einmal nötig, geputzt zu werden? Bei dieser Mondkonstellation bekommen Sie **schlierenfreies Glas**.

Eine kleine Feier im Freundeskreis wäre heute der optimale Ausdruck Ihrer **Lebensart**. Wenn Sie nichts vorbereitet haben, improvisieren Sie einfach.

3
Sonntag

17.01

Ernten und verarbeiten

- Herbsthimbeeren, Tomaten, Möhren, Feldsalat, Kürbis – ernten Sie beim jetzigen Mondstand alles, was mittlerweile den richtigen Reifegrad hat.
- Was heute an Obst und Fruchtgemüse nicht für den sofortigen Gebrauch geerntet wird, kann problemlos eingekocht oder eingefroren werden.

Sinnvoll trennen

Geht Ihnen so manches berufliche Problem im Kopf herum? Behelligen Sie damit nicht den Partner, wenn Sie möchten, dass Ihre Beziehung ein Refugium bleibt!

Klarheit

Stellen Sie sich zurzeit die Frage, ob Ihr inzwischen eingeschlagener Weg Sie auch wirklich zum Ziel führt? Sie werden sich in den Stunden von 22.37 bis 00.37 Uhr aufgrund eines Mond-Saturn-Sextils ziemlich sicher eine eindeutige Antwort geben können!

September

4 Montag

Elementengruppe: **Erde**
Besondere Nahrungsverträglichkeit: **Salz**
Beeinflusster Pflanzenteil: **Wurzel**
Dominierte Körperregionen: **Kiefer, Hals, Nacken**

Haus und Garten

- Bringen Sie heute vor allem Wurzelgemüse, wie Kartoffeln und Lauch, auf den Tisch. Die schmecken jetzt nicht nur besonders intensiv, sondern sind auch sehr bekömmlich.
- Pflanzen Sie noch Knoblauch für das kommende Jahr. Dann können Sie nämlich mit einer früheren und reicheren Ernte rechnen.
- Lassen Sie abgeerntete Beete nicht einfach leer liegen. Mulchen Sie sie zumindest. Oder säen Sie Gründüngung, wenn der abnehmende Mond ab übermorgen wieder absteigt.

Tipp Malen oder schreiben Sie? Bei der momentanen Mondkonstellation kann man sich mit einem künstlerischen Hobby am besten entspannen.

5 Dienstag

22.08

Mit dem Herbst kommen auch die typischen **Erkältungskrankheiten**. Vor allem an Stiertagen ist man dafür anfällig. Schützen Sie Hals und Ohren!

Zwischenmenschliches
Ihnen ist klar, dass jeder seine kleinen Schwächen hat. Deshalb begegnen Sie bei diesem Mondstand den anderen mit viel Sanftmut, was Ihnen viel Sympathie einbringen wird.

Am Ende gilt doch nur, was wir getan und gelebt –
und nicht, was wir ersehnt haben.
Arthur Schnitzler

Bei diesem Mondstand wissen Sie mit Geld umzugehen. Die Gefahr, viel zu viel auszugeben, ist also ziemlich gering. Bummeln Sie doch durch Ihre **Lieblingsgeschäfte**, und leisten Sie sich wieder mal was Schönes.

6

Mittwoch

Elementengruppe: ***Luft***
Besondere Nahrungsverträglichkeit: ***Fett***
Beeinflusster Pflanzenteil: ***Blüte***
Dominierte Körperregionen: ***Schultern, Arme, Hände***

Lösung in Sicht?
Belastet Sie zurzeit ein Rechtsstreit? Nehmen Sie nun wieder das Gespräch auf. Beim jetzigen Mondstand kann eine günstige Wendung eintreten.

Die kältere Jahreszeit vorbereiten

- Jetzt kommt wieder die Zeit der Nachtfröste. Haben Sie sehr empfindliche Kübelpflanzen im Garten? Die sollten Sie schon mal ins Haus bringen.
- Beginnen Sie auch damit, Knollen und Zwiebeln von nicht winterharten Blumen, die mittlerweile verblüht sind, auszugraben und kühl zu lagern.

Tipp Auch wenn man an Lufttagen gerne Freunde trifft – man hat leider nicht immer die Zeit dafür. Ein kurzes Telefonat ist besser als nichts!

7

Donnerstag

00.22

Tipp Wenn der Mond in den Zwillingen steht, ist ein Rheumaanfall keine Seltenheit. Das Einreiben mit Ingweröl kann da für viel Linderung sorgen.

! Zeigen Sie sich nicht gleich völlig unversöhnlich, wenn die Arbeit anderer kaum Ihrer Erwartung entsprechen sollte. Beweisen Sie viel Großmut und vor allem genug Distanz zu sich selbst. Sonst stehen Sie schnell als Egozentriker am Pranger!

Distanz wahren!
Der Mondstand verstärkt jetzt das Interesse an den anderen. Das treibt Sie an, bei manchem genauer hinzusehen und es zu verstehen. Lassen Sie es allerdings auch einfach gut sein, wenn Sie zwar brennend neugierig sind, Ihr Gegenüber Ihnen aber keine Auskunft geben möchte!

Die Persönlichkeit ist der Gebrauch der Vernunft.
Francis M. de Picabia

8 Freitag

07.01

Elementengruppe: ***Wasser***
Besondere Nahrungsverträglichkeit: ***Kohlenhydrate***
Beeinflusster Pflanzenteil: ***Blatt***
Dominierte Körperregionen: ***Magen, Lunge, Galle, Leber***

Für Nerven und Wohlgefühl

- Essen Sie bei diesem Mondstand z. B. Johannis- und Brombeeren. Die sind gut für die Nerven und schützen auch die Magenschleimhaut.
- Verwöhnen Sie sich mit einem beruhigenden Bad. 3 EL Baldriantinktur im Vollbad beruhigen strapazierte Nerven und helfen, schnell einzuschlafen.

9 Samstag

Intensität der Gedanken ...

Sie nehmen Ihre Arbeit an diesem Krebstag viel zu ernst, um nur Routine abzuliefern. Daher sind Sie erst zufrieden, wenn Sie jedes Detail genauestens beleuchtet haben.

... und Gefühle

Ihr Partner ist nun sensibel genug, um genau zu wissen, was Sie brauchen, ohne dass Sie viele Worte machen müssen. Da schlägt Ihr Herz höher!

10 Sonntag

Tipp Wenn Sie konsequent auf minderwertige Kohlenhydrate verzichten, fühlen Sie sich den ganzen Tag lang viel wohler und sind einsatzfähiger.

Mond und Garten

Jetzt nimmt und steigt der Mond zugleich ab. Das ist im Herbst die beste Zeit für die Vermehrung durch Stecklinge. Zudem kann man an diesem Krebstag Winterkopfsalat, Radicchio und Chinakohl auspflanzen. Und brechen Sie nun auch beim Rosenkohl den Spitzentrieb aus.

18.37

September

Elementengruppe: **Feuer**
Besondere Nahrungsverträglichkeit: **Eiweiß**
Beeinflusster Pflanzenteil: **Frucht**
Dominierte Körperregionen, -funktionen: **Herz, Kreislauf, Blutdruck**

11 Montag

Frisches Blut
Herbstzeit ist Traubenzeit. Weintrauben haben viel Folsäure, die zur Blutbildung beiträgt. Und der Löwemond verstärkt diese Wirkung noch!

Frische im Haus
Bei dieser Mondkonstellation ist vieles günstig: z. B. das chemische Reinigen, die Beseitigung von Schimmel und Feuchtigkeit, das Polieren von Porzellan sowie das Lüften von Räumen, Schränken und Kleidung.

Frisches Feeling
Legen Sie bis zum Neumond noch eine alkoholfreie Zeit ein. Dann ist die Leber wieder gut entgiftet, und Sie werden sich sehr wohlfühlen.

12 Dienstag

! Neigen Sie heute eher zur Aggression als zur Sanftmut? Falls ja, sollten Sie sich mit noch größerer Sorgfalt als sonst überlegen, was Sie sagen und vor allem wie! Sonst ist schnell ein Schaden angerichtet, den Sie sicherlich nicht gewollt haben.

Tipp Jetzt passt die Mondkonstellation, um zügig zum Abschluss des Sommerschnitts an den Kernobstbäumen und Beerensträuchern zu kommen.

Um 17.07 Uhr beginnt eine 14-stündige **Mondpause**.
Bemühen Sie sich in dieser Zeit aufrichtig um Selbstreflexion:
- Sie verhalten sich Kollegen gegenüber manchmal ziemlich arrogant? Oder zeichnen Sie sich eher durch zu viel Bescheidenheit aus? Überlegen Sie, was zu ändern wäre!
- Sind Sie zum Partner hin und wieder unehrlich? Und falls ja – würden Sie bei ihm ein ähnliches Verhalten akzeptieren? Finden Sie an diesem Löwetag mal eine Antwort!

13 Mittwoch

07.19

Elementengruppe: **Erde**
Besondere Nahrungsverträglichkeit: **Salz**
Beeinflusster Pflanzenteil: **Wurzel**
Dominierte Körperfunktionen: **Stoffwechsel, Verdauung**

! Falls Sie sich jetzt in Angelegenheiten einmischen, für die Sie überhaupt nicht zuständig sind, ist Streit geradezu programmiert. Nehmen Sie sich also besser zurück!

Tipp Ernähren Sie sich bei diesem Mondstand leicht und ballaststoffreich. Dann werden Sie von Verdauungsbeschwerden verschont sein.

Gartenarbeit

- Heute herrscht noch eine günstige Mondkonstellation, um Winterzwiebeln, wie z. B. Romy, zu setzen. Die sind im nächsten Mai dann erntereif.
- Der September ist oft noch relativ warm und trocken. In diesem Fall wäre jetzt ein günstiger Termin, um den Garten großzügig zu wässern.

14 Donnerstag

Schönheitspflege

Nützen Sie diesen letzten Tag vor dem Neumond für eine Tiefenreinigung der Haut und das Entfernen von lästigen Körperhaaren.

Ganz bei der Sache sein

Hören Sie dem Partner genau zu. Versuchen Sie, ihn zu verstehen – auch wenn Ihnen das fremd ist, was er sagt. Und kommentieren Sie nicht sofort!

Reden ohne Schweigen wird Geschwätz.
Romano Guardini

Sich wieder erden

Egal, ob Sie einen anspruchsvollen Roman lesen, einen witzigen Film ansehen oder eine tragische Oper hören – die Hauptsache ist, Sie erholen sich an diesem Jungfrauabend, so gut es irgend geht.

September

15
Freitag

03.41

19.46

Elementengruppe: **Erde**
Besondere Nahrungsverträglichkeit: **Salz**
Beeinflusster Pflanzenteil: **Wurzel**
Dominierte Körperfunktionen: **Stoffwechsel, Verdauung**

Entschlackung
Wenn Sie heute einen Fasttag einlegen, wird das nicht nur zur körperlichen Entschlackung, sondern auch zu Ihrer mentalen Reinigung beitragen.
Für alle, die heute zwar nicht fasten, aber dennoch entschlacken wollen, ist diese Suppe sehr geeignet. Blumenkohl wirkt nämlich sehr entwässernd. Außerdem hilft er bei Nieren- und Blasenbeschwerden.

Blumenkohlsuppe
Zutaten für 1 Person

250 g Blumenkohl
1 kleine Möhre
1 kleine Zwiebel
1 Knoblauchzehe
1 TL Butter
¼ l Gemüsebrühe aus Würfel oder Pulver
Salz, Pfeffer
2 Messerspitzen Koriander
2 EL saure Sahne

Zubereitungszeit: 30 Minuten

1. Den Blumenkohl waschen, putzen, in Röschen teilen. Möhre, Zwiebel und Knoblauch schälen. Die Möhre in Scheiben und die Zwiebel mit dem Knoblauch in kleine Würfel schneiden.

2. Die Butter in einem Topf erhitzen, die Zwiebeln mit dem Knoblauch darin anbräunen lassen, die Blumenkohlröschen und die Möhren dazugeben, kurz anbraten. Die Gemüsebrühe angießen. Alles mit Salz, Pfeffer und dem Koriander würzen sowie etwa 15 Minuten kochen lassen.

3. Die Gemüse mit einem Mixstab pürieren und die saure Sahne einrühren. Anschließend nochmals mit Salz und Pfeffer sowie eventuell noch mit Koriander nachwürzen.

Dazu passt: Vollkorntoast oder Vollkornbaguette.

16 Samstag

Elementengruppe: ***Luft***
Besondere Nahrungsverträglichkeit: ***Fett***
Beeinflusster Pflanzenteil: ***Blüte***
Dominierte Körperregionen: ***Hüfte, Nieren, Blase***

Aussehen
Sie möchten wieder mal die Tönung oder Färbung Ihrer Haare auffrischen? Wenn ja, dann nützen Sie doch die heutige Mondkonstellation dafür!

Berufsleben
Heute machen Sie keine halben Sachen. Der Mondstand beflügelt Ihre Phantasie, und Ihr Ehrgeiz verleiht Ihnen die nötige Ausdauer.

Ausgleich
Obwohl Sie am Abend schon etwas müde sind, treffen Sie wie abgemacht einen Freund. Und Sie bereuen es nicht, weil die Kommunikation stimmt!

17 Sonntag

Eidgenössischer Bettag

! Man muss nicht immer alles völlig im Griff haben. Aber den Dingen einfach nur ihren Lauf lassen ist auch nicht die Lösung. Machen Sie sich einmal Gedanken darüber, wie eine angemessene Mitte aussehen könnte.

Die Gelegenheit bedarf eines bereiten Geistes.
Louis Pasteur

Ihnen gehen an diesem Waagetag ein paar wichtige berufliche Probleme durch den Kopf? Lassen Sie sich nicht nur rein intuitiv auf die Fragen ein!

Gartenarbeit zum Abschalten
Am heutigen Lufttag begünstigt der Mond z. B. die Teilung und Neuverpflanzung von Stauden, die dann im Frühsommer blühen werden. Schmücken Sie aber in jedem Fall Ihre Räume mit frisch geschnittenen Blumen. Anblick und Duft tragen nämlich zur Aufhellung der Stimmung bei.

18
Montag

06.59

Elementengruppe: ***Wasser***
Besondere Nahrungsverträglichkeit: ***Kohlenhydrate***
Beeinflusster Pflanzenteil: ***Blatt***
Dominierte Körperregionen: ***Sexualorgane, Harnleiter***

Blick in den Garten

- Die Mondkonstellation begünstigt das Säen von Spinat sowie das Bleichen von Endivie, Karden und Staudensellerie.
- Jetzt ist es auch an der Zeit, die ersten empfindlichen Blattkräuter einzutopfen und dann an einem frostsicheren Ort unterzubringen.

19
Dienstag

! Heute besteht die Gefahr, dass Ihre Gefühle mit Ihnen durchgehen. Es ist vieles möglich – von der selbstvergessenen Fürsorglichkeit bis zum totalen Besitzanspruch, der zu Manipulationsversuchen verleitet. Verlieren Sie nicht die Kontrolle über sich!

Die perfekte Erholung

Ob Sie einfach vor sich hinträumen oder meditieren – nützen Sie die jetzige Mondkonstellation, um Ihre psychischen Reserven aufzufüllen.

20
Mittwoch

16.07

Weltkindertag

Tatkraft

Ob Sie zwischen 12.22 und 14.22 Uhr (Mond-Pluto-Sextil) intensiv an etwas arbeiten, neue Ideen entwickeln oder sich mit Kollegen beratschlagen – jetzt läuft alles auf Hochtouren.

Die perfekte Ernährung

Bevorzugen Sie bei diesem Mondstand Gemüse, die Blasenbeschwerden zu verhindern bzw. lindern helfen: z.B. Gurken, Linsen und Sellerie.

21 Donnerstag

Elementengruppe: **Feuer**
Besondere Nahrungsverträglichkeit: **Eiweiß**
Beeinflusster Pflanzenteil: **Frucht**
Dominierte Körperregionen: **Oberschenkel, Venen**

Jetzt kann es zwischen Ihnen und einem Kollegen, den Sie nicht sehr mögen, aber eigentlich auch nicht gut kennen, zu einer **Annäherung** kommen.

Feine Düfte

- Wieder mal Lust auf selbst gemachten Kuchen? Backen Sie bei dieser Mondkonstellation. Er wird Ihnen sehr gut gelingen!
- Wenn das Wetter mild ist, wovon man an einem Feuertag in den meisten Fällen ausgehen kann, sollte man nun einen langen Spaziergang durch die würzige Herbstluft machen.

Falls Sie manche **Kosmetik** selbst anrühren, sollten Sie den aufsteigenden Mond nützen. Jetzt ist die Herstellung von Kräutersalben begünstigt.

22 Freitag

21.33

22.21

Tipp Im Falle einer Eiweißallergie sollten Sie nun mit Ihrer Ernährung sehr vorsichtig sein. An Feuertagen sind Sie dann nämlich noch sensibler.

Tiefenschärfe

Der Schützemond unterstützt besonders bei der Beschäftigung mit juristischen Angelegenheiten. Eine klare Analyse ist nun in aller Regel noch viel schneller möglich.

Mond und Garten

- Mondphase und -stand sind günstig, um die restlichen Kürbisse sowie Zucchini zu ernten. Und Tomaten, die in Flachsteigen nachreifen können!
- Noch Bedarf an einem neuen Beeren- oder Haselnussstrauch? Die Jahreszeit und Mondkonstellation sind zum Pflanzen optimal.

Tipp Der momentane Mondstand ist für intensive Gespräche wie geschaffen. Es fällt jetzt auch viel leichter, über unangenehme Themen zu reden.

23
Samstag

Herbstanfang

Elementengruppe: ***Erde***
Besondere Nahrungsverträglichkeit: ***Salz***
Beeinflusster Pflanzenteil: ***Wurzel***
Dominierte Körperregionen: ***Knie, Haut, Knochen***

Mond und Körper

- Falls Sie zurzeit Gelenkprobleme, vor allem Schmerzen in den Knien, haben, sollten Sie bei zunehmendem Mond im Steinbock möglichst keinen Sport treiben.
- Alle Hautpflegemaßnahmen bringen jetzt sehr viel. Da die Haut in dieser Mondphase intensiver durchblutet ist, nimmt sie die Nährstoffe besser auf.

Einkochen und Gießen

- An Stier- und Steinbocktagen ist erfahrungsgemäß das Einkochen von Wurzelgemüse ziemlich günstig.
- Ihre Zimmerpflanzen können Sie auch gut an allen Erdtagen gießen, die allerdings nicht ganz so günstig sind wie die Wassertage.

24
Sonntag

Steinbocktage sind gute **Erntetermine**, da der Mond jetzt aufsteigt. Sind bei Ihnen nun z.B. schon die Herbsthimbeeren und der Holunder reif?

Es macht nichts, wenn man nicht der geborene Draufgänger ist. Heute kann man mit **Behutsamkeit** beim anderen Geschlecht eh mehr erreichen!

Der kommende Wassermannmond ist für Verhandlungen optimal. Falls Sie heute schon alles vorbereiten, zählt Ihr starker **Realitätssinn**.

Bei diesem Mondstand zieht man sich manchmal ganz ins **Private** zurück, manchmal möchte man aber auch andere treffen. Überlegen Sie genau!

Behutsamkeit gewinnt den Streit.
Abraham a Sancta Clara

25 Montag

Elementengruppe: ***Luft***
Besondere Nahrungsverträglichkeit: ***Fett***
Beeinflusster Pflanzenteil: ***Blüte***
Dominierte Körperregionen: ***Unterschenkel, Venen***

01.31

! Auch heute werden Sie wahrscheinlich mit einigen menschlichen Schwächen konfrontiert sein, die Sie nicht akzeptieren wollen. Üben Sie aber Nachsicht. Das wird Ihnen so mancher sehr hoch anrechnen!

Tipp Kleinere Reparaturen im Haushalt sollten Sie nicht aufschieben, sondern gleich in Angriff nehmen, solange der Mond noch zunimmt.

Haus und Garten

- Egal, ob Sie einrichten, verstauen oder aufräumen müssen – diese Arbeiten werden Ihnen reibungslos und zufriedenstellend von der Hand gehen.
- Nützen Sie die jetzige Mondkonstellation, um Zwiebeln von Frühlingsblühern zu setzen. Und auch das Pflanzen von Stauden ist nun günstig.

26 Dienstag

! Heute kann es passieren, dass Sie sich schnell für etwas begeistern, das Sie wenig später schon wieder als uninteressant abtun. Es wird also nicht schaden, seine Impulsivität etwas zu beherrschen und zunächst mal genauer hinzusehen!

Einen Versuch wert

Wenn man sich nicht so fit fühlt, wie man gerne wäre, kann ein anregendes Bad mit Grapefruitzusatz für Abhilfe sorgen. Besonders bei diesem Mond!

Tipp Wenn der zunehmende Mond im Wassermann steht, ist während dieser Phase die einzige passende Zeit gegeben, um Unkraut zu jäten.

Um 14.40 Uhr setzt eine knapp 12 Stunden lange **Mondpause** ein.
Auch in einer Beziehung ist es unerlässlich, so manches zu organisieren. Der Mond pausiert im Wassermann – da fällt das Pläneschmieden leichter!

September

27
Mittwoch

02.19

Elementengruppe: ***Wasser***
Besondere Nahrungsverträglichkeit: ***Kohlenhydrate***
Beeinflusster Pflanzenteil: ***Blatt***
Dominierte Körperregionen: ***Füße, Zehen***

Berufsleben
Sie haben natürlich sehr viel zu sagen, falls Sie sich bei diesem Mondstand ganz spontan zu einem Ihrer Spezialthemen äußern müssen. Und Sie wissen den Ihnen entgegengebrachten Respekt zu schätzen.

Garten
Wenn sich auf so manchem Beet noch Gemüse befindet, das erst später abgeerntet werden soll, müssen Sie dieses nun vor Nachtfrösten schützen.

Küche
An Fischetagen macht es regelrecht Spaß, wieder mal selbst zu kochen. Jetzt hat man nämlich gute Ideen, eine glückliche Hand und viel Appetit!

28
Donnerstag

Vitamine für die Zukunft
Unter Folie oder Glas ist nun immer noch die Ansaat von Endivien, Spinat und Feldsalat für das nächste Jahr möglich.

Der richtige Weg
- Falls Sie wissen, welches Thema die prinzipiell gute Stimmung in Ihrer Partnerschaft jetzt trüben könnte, sollten Sie es einfach nicht ansprechen.
- Am Abend des heutigen Fischetags ist es wichtig, nur Dinge zu unternehmen, die Sie nicht stressen. Und wenn Sie ausgehen: Unbedingt zu viel Trubel meiden!

Wandere der Sonne entgegen,
und du lässt den Schatten hinter dir.
Arthur Lassen

29
Freitag

11.59

02.18

Elementengruppe: ***Feuer***
Besondere Nahrungsverträglichkeit: ***Eiweiß***
Beeinflusster Pflanzenteil: ***Frucht***
Dominierte Körperregionen: ***Kopf, Gesicht***

Gesundheit
Vermeiden Sie es, momentan in die Sauna zu gehen. Die Mondphase ist dafür völlig ungeeignet. Sie würden Ihren Körper jetzt sehr überanstrengen!

Handwerk
Bei Vollmond ist es erfahrungsgemäß sehr ungünstig, einen Teppichboden zu verlegen. Der Kleber würde nämlich nicht gut halten, und Sie müssten mit Faltenbildung rechnen.

Kontakte
Bewahren Sie jetzt zu jedermann – auch zum Partner – genügend Distanz. Dann ist es relativ sicher, dass kleine Konflikte nicht gleich eskalieren.

30
Samstag

So kurz nach Vollmond wirkt eine reinigende Kräutermaske auf die Gesichtshaut sehr entspannend. Gönnen Sie sich diesen besonderen **Luxus**!

Die jetzige Mondkonstellation ist für die **Ernte** optimal: beispielsweise von späten Obstsorten sowie Tomaten, Kürbissen und Zucchini.

Wenn Sie in den Stunden von 16.09 bis 18.09 Uhr (Mond-Venus-Trigon) die Möglichkeit haben, Ihre **Zweisamkeit** mit dem Partner zu genießen, sollten Sie das auch tun. Dann spüren Sie Ihre Gemeinsamkeiten nämlich besonders intensiv.

Sie geben Ihrer **Spontaneität** nach und unternehmen genau das, worauf Sie Lust haben. Und dieses Widderverhalten baut Sie richtig auf!

1
Sonntag

03.19

Erntedankfest

Elementengruppe: **Erde**
Besondere Nahrungsverträglichkeit: **Salz**
Beeinflusster Pflanzenteil: **Wurzel**
Dominierte Körperregionen: **Kiefer, Hals, Nacken**

Friedliche Stimmung

Egal, was Sie an diesem Stiertag in Ihrer Partnerschaft besprechen oder diskutieren: Sie werden sich nicht in die Haare kriegen, weil Sie beide sehr sachlich sind, nie den Boden der Realität verlassen.

Tipp Wenn Sie sich nur entspannen möchten, hören Sie Musik oder sehen einfach fern. Und wenn Sie etwas Erbaulicheres brauchen, sollten Sie wieder mal ein Buch lesen, das Sie richtig fordert.

Das Buch widersteht der Zeit,
wenn sie nachrückend es in sich aufnimmt.
Thomas Mann

2
Montag

Mond und Gesundheit

Unterstützen Sie die jetzt stark entschlackende und reinigende Wirkung des Mondes durch die richtige Ernährung. Beispielsweise sollten Sie nun viel Gemüse und kaum Fleisch essen.

Und immer noch Arbeit in freier Natur

- Das Sammeln von Wurzelkräutern ist an Stiertagen, auch wenn der Mond idealerweise gerade abnimmt, nicht so günstig wie an einem Jungfrau- oder Steinbocktag.
- Nützen Sie die jetzige Mondkonstellation, falls Sie noch einmal immergrüne Hecken auslichten oder etwas stutzen wollen.

Haustiere

Mondphase und -stand begünstigen nun wieder mal eine intensive Klauen- und Krallenpflege.

3
Dienstag

07.04

Tag der Deutschen Einheit

Elementengruppe: ***Luft***
Besondere Nahrungsverträglichkeit: ***Fett***
Beeinflusster Pflanzenteil: ***Blüte***
Dominierte Körperregionen: ***Schultern, Arme, Hände***

Zwillingetage sind für ein ausgelassenes Fest mit vielen Freunden ebenso geeignet wie für einen anspruchsvollen Theaterabend oder eine Kurzreise. Wie sieht Ihre **Freizeitplanung** für heute aus?
Ein neues Kräuterkissen zur Unterstützung eines ruhigeren Schlafs fällig? Jetzt sind das Trocknen der Kräuter und die Herstellung günstig.

4
Mittwoch

Welttierschutztag

Gesunde Ernährung
An Zwillingetagen sind vor allem diese, jetzt besonders gesunden und bekömmlichen Gemüse empfehlenswert:

- **Artischocken**, sie wirken effektiv gegen Gewebeschwellungen.
- **Brokkoli,** er unterstützt die Muskelarbeit.
- **Buchweizen,** er trägt zur Vorbeugung gegen Rheumaerkrankungen bei.
- **Fenchel** und **Sellerie,** sie wirken schleimlösend bei Husten.
- **Rhabarber**, er bindet Fettstoffe.

5
Donnerstag

14.33

Haus und Garten

- Leider ist die Zeit vorbei, freie Nachmittage und Abende draußen verbringen zu können. Reinigen Sie nun gründlich den Balkon bzw. die Terrasse.
- Wer trotz der ersten Fröste noch nicht die Knollen der Gladiolen und Dahlien ausgegraben hat, sollte das jetzt tun. Die Mondkonstellation passt.

Tipp Bei häufigen Wehwehchen an Zwillingetagen: Lavendelöl in der Duftlampe lindert Muskelkater. Inhalation von Teebaumöl hilft gegen Bronchitis.

6
Freitag

15.49

Elementengruppe: ***Wasser***
Besondere Nahrungsverträglichkeit: ***Kohlenhydrate***
Beeinflusster Pflanzenteil: ***Blatt***
Dominierte Körperregionen: ***Magen, Lunge, Galle, Leber***

Einsatzfreude
Aufgrund von Mondphase und -stand besitzt man die nötige Geduld sowie Konzentration, um die etwas schwierigeren Arbeiten zu meistern.

Rhabarberstauden
Diese sollte man nach Möglichkeit alle acht bis zehn Jahre teilen. Nützen Sie dafür diese besonders gut geeignete Mondkonstellation.

Ganz bei sich
Nehmen Sie sich abends viel Zeit für sich selbst. Bewerten Sie in Ruhe die Geschehnisse dieses Krebstages, und ordnen Sie Ihre Gedanken. Sorgen Sie vor der Nachtruhe dann noch für Entspannung durch Yoga.

7
Samstag

Worauf jetzt zu achten ist
- Bitte vergessen Sie möglichst nicht, dass Sie bei diesem Mondstand wegen des großen Fäulnisrisikos nicht ernten und einlagern sollten.
- Versuchen Sie an Wassertagen nie, an irgendeiner Wand Feuchtigkeit oder sogar Schimmel zu entfernen. Sie hätten damit nämlich keinen Erfolg.

Starke Momente
Treffen Sie sich am Abend ganz ungezwungen mit ein paar Freunden: Improvisieren Sie z. B. gemeinsam ein Essen, und entspannen Sie bei Musik und Gesprächen. Der Krebsmond trägt zur perfekten Atmosphäre bei!

Freude ist der Wind
in den Segeln des Lebens.
Felix Esser

8 Sonntag

01.26

Elementengruppe: ***Feuer***
Besondere Nahrungsverträglichkeit: ***Eiweiß***
Beeinflusster Pflanzenteil: ***Frucht***
Dominierte Körperregionen, -funktionen: ***Herz, Kreislauf, Blutdruck***

Wenn Sie heute einen **Familienbesuch** absolvieren, sollte man von Ihnen erwarten dürfen, nicht alles zu sagen, was Sie denken. Beweisen Sie Stil!

Beim jetzigen Mondstand hat man das Bedürfnis, etwas zu erleben. Treffen Sie sich z. B. mit Bekannten zu einem aufregenden Abend im **Konzert**!

9 Montag

Freude und Erfolg am Arbeitsplatz
Der abnehmende Mond im Löwen fördert die Kreativität. Und heute speziell haben Sie das erhebende Gefühl, dass Sie mit Ihrer Arbeit nicht nur Ihre eigenen Ansprüche, sondern auch die der anderen voll erfüllen.

Löwemond und Fitness
Falls Sie Sport treiben, sollten Sie sich bei diesem Mondstand auf keinen Fall überanstrengen, vor allem, wenn Ihr Kreislauf nicht der stabilste ist.

10 Dienstag

14.03

Mond und Garten
Jetzt ist es günstig, Steckhölzer für die **Vermehrung** von Beerenobst zu schneiden. Und bis zur Bewurzelung können sie in Sand lagern.
Die Mondkonstellation ist nun auch geeignet für einen Auslichtungs- bzw. **Pflegeschnitt** an Obstbäumen und Beerensträuchern.
Der Mond nimmt zwar noch ab, an einem Löwetag sollten Sie aber niemals **düngen**, weil Ihre Pflanzen sonst Schaden nehmen könnten.

11
Mittwoch

Elementengruppe: **Erde**
Besondere Nahrungsverträglichkeit: **Salz**
Beeinflusster Pflanzenteil: **Wurzel**
Dominierte Körperfunktionen: **Stoffwechsel, Verdauung**

Jungfrautage und Gesundheit

Bei diesem Mondstand sind Blähungen nicht selten! Tee aus Kümmel kann da helfen: 1 EL davon mit einer Tasse kochendem Wasser übergießen, 20 Minuten ziehen lassen, dann trinken.

Tapetenwechsel

Keine Sorge, falls Sie tapezieren oder weißeln müssen und Ihnen vor der vielen Arbeit graut! Der Mond ist günstig und macht es Ihnen leichter.

Vorsicht Psychofalle!

Vermuten Sie jetzt nicht gleich hinter jeder Bemerkung, die kein Lob ist, Kritik. Sie wissen doch, dass das nur Ihre subjektive Interpretation ist!

12
Donnerstag

Die besten Empfehlungen für Haus und Garten

- Die jetzige Mondkonstellation ist für das Verlegen von Fußbodenbelägen geeignet. Diese werden sich dann erfahrungsgemäß nicht wölben.
- Bei abnehmendem Mond in einem Erdzeichen (also heute sowie am 29. und 30. des Monats) ist nun vor der Winterruhe ein letztes Stecken von Knoblauch und Winterzwiebeln möglich.

Den Blick nach vorn gerichtet

Ein Jungfrautag ist sehr gut geeignet, wenn man seine Gedanken ordnen möchte. Man verfügt nun nämlich über erhöhte Konzentrationsfähigkeit.

Das beste Abendprogramm

Schaffen Sie sich abends Freiraum für einen ausgedehnten Spaziergang und Erbauliches, wie beispielsweise Lesen oder Musikhören. Das wird Ihnen viel der an diesem Jungfrautag eingebüßten Kraft zurückgeben.

13 Freitag

Elementengruppe: **Luft**
Besondere Nahrungsverträglichkeit: **Fett**
Beeinflusster Pflanzenteil: **Blüte**
Dominierte Körperregionen: **Hüfte, Nieren, Blase**

02.23

Tipp Nun sind u.a. das Waschen, Tönen oder Färben der Haare, ein anregendes Bad sowie ein Saunabesuch von der Mondkonstellation begünstigt.

Konzentration der Kräfte

- Seien Sie im Privatleben sehr taktvoll, kommen Sie dem Partner entgegen, wo es geht, und vermeiden Sie möglichst alles, was den Beziehungsfrieden stören könnte.
- Sorgen Sie in Ihrem Büro für genug Ruhe, um bei diesem Mondstand eine Arbeit voranzubringen, für die Sie in erster Linie ungestört sein müssen.

Tipp Falls Sie sich heute selbst in die Küche stellen wollen, gibt es kein Problem. Ob Sie kochen oder backen – der Mond unterstützt Sie dabei!

14 Samstag

19.56

Neumond und Ernährung

Möchten Sie gerne Ihre Ernährungsweise ändern? Beginnen Sie heute mit einem Fasttag, und leben Sie ab morgen dann nach Ihren neuen Regeln!

Gartenweg und Zaun

Überprüfen Sie jetzt vor dem Winter noch einmal, ob die Laufplatten des Gartenwegs sowie die Zaunpfosten nach wie vor fest genug sitzen. Für eventuelle Reparaturarbeiten ist diese Mondphase perfekt.

Neumond und Beziehungen

Widmen Sie bei dieser Mondkonstellation Ihre Freizeit dem Partner oder wirklich guten Freunden. Da gibt es sicher einiges, was Sie gerne nachholen oder endlich mal in Angriff nehmen wollen.

Oktober

15
Sonntag

13.05

Kirchweihfest

Elementengruppe: ***Luft***
Besondere Nahrungsverträglichkeit: ***Fett***
Beeinflusster Pflanzenteil: ***Blüte***
Dominierte Körperregionen: ***Hüfte, Nieren, Blase***

Es gibt viele gute Möglichkeiten für die **Erholung** am heutigen Sonntag: beispielsweise bei einem Museums-, Theater-, Kino- oder Konzertbesuch.

Aller Zustand ist gut, der natürlich ist und vernünftig.
Goethe

Haben Sie manchmal **Stoffwechselprobleme**? Wenn ja, müssen Sie an Lufttagen darauf achten, dass Sie möglichst nicht zu fett essen.

Leichte Kost an einem Waagetag so kurz nach Neumond sind diese beiden Quarkgerichte:

- Zitronenquark mit Äpfeln, der intensiv zum Freisetzen von Fetten beiträgt
- der folgende überbackene Quark, weil Trauben besonders die Reinigung von Nieren und Blase unterstützen.

Überbackener Quark mit Mandeln und Trauben

Zutaten für 1 Person

25 g Mandelblättchen
1 Eigelb
4 EL Quark (20 %)
1 EL Sahne
2 TL Zucker
1 EL Holunderblütensirup
125 g kernlose helle Weintrauben
weiche Butter für die Form

Zubereitungszeit: 40 Minuten

1. Die Mandeln mit dem Eigelb, dem Quark, der Sahne, dem Zucker und dem Sirup cremig verrühren.

2. Die Trauben waschen, abzupfen und unter die Quarkmasse mischen.

3. Eine Auflaufform mit Butter ausstreichen. Die Quarkmasse einfüllen und im Backofen auf der mittleren Schiene etwa 20 bis 30 Minuten überbacken, bis die Oberfläche leicht gebräunt ist.

16 Montag

Elementengruppe: ***Wasser***
Besondere Nahrungsverträglichkeit: ***Kohlenhydrate***
Beeinflusster Pflanzenteil: ***Blatt***
Dominierte Körperregionen: ***Sexualorgane, Harnleiter***

! Auch wenn Sie heute vieles nervt und Sie daher auf manches keine Rücksicht mehr nehmen wollen – bleiben Sie fair! Jetzt einen Rundumschlag auszuführen würde letztlich nur Ihnen selbst Schaden zufügen.

Sie haben an einer **Wasserleitung** oder an Ihrem **Teich** im Garten etwas zu reparieren? Nützen Sie diese Mondkonstellation dafür.

Ein Heublumen-Sitzbad wirkt beruhigend und fördert die Durchblutung der Blasenmuskulatur. Es hat sich deshalb bei **Blasenschwäche** bewährt.

Tipp Ihr Motto für die Freizeit an diesem Skorpiontag sollte sein: Nichts planen oder organisieren, sondern sich einfach hineingleiten lassen!

17 Dienstag

21.38

Sich konzentrieren
Schließen Sie äußere Störfaktoren aus, werden Sie ganz ruhig, und machen Sie sich intensive Gedanken über ein Projekt, das Sie vorzubereiten haben.

Sich finden
Wassertage sind die besten Termine für alle Arten von Meditation. Wenn man sich dabei vor allem sammeln möchte, ist der zunehmende Mond gut.

Sich verschenken
Skorpiontage sind auch eine besondere Zeit der Sinnlichkeit. Lassen Sie sich etwas einfallen, um den Partner mal so ganz nebenbei zu verführen!

Nie habe ich einen gesehen,
der der Tugend mehr ergeben war als der Sinnlichkeit.
Konfuzius

18
Mittwoch

Elementengruppe: ***Feuer***
Besondere Nahrungsverträglichkeit: ***Eiweiß***
Beeinflusster Pflanzenteil: ***Frucht***
Dominierte Körperregionen: ***Oberschenkel, Venen***

! Heute kann es passieren, dass Sie auf ein Problem stoßen, von dem Sie dachten, dass es gar nicht mehr existiert. Bleiben Sie ruhig, argumentieren Sie ganz sachlich. Nur so können Sie in Ihrem Sinne etwas erreichen!

Auf der Suche

- Sie können diesen dafür geeigneten Schützetag z. B. nützen, um mit dem Partner zu träumen und sich die gemeinsame Zukunft auszumalen.
- Überlegen Sie auch, ob für Sie und einen Konkurrenten eine Zusammenarbeit machbar wäre. Könnte das nicht neue Erfolgsmöglichkeiten bringen?

Die Zeit bringt Rat, erwartet in Geduld.
Schiller

19
Donnerstag

Herbstgarten

- Nun ist es sicher an der Zeit, das abgeworfene Herbstlaub einzusammeln. Und entsorgen Sie all das, was Sie nicht zum Mulchen brauchen, auf dem Kompost.
- Sie wissen: Grün- und Rosenkohl müssen erst mal eine gehörige Portion Frost abbekommen haben, bevor sie ihren typischen Geschmack erhalten. Also mit der Ernte erst noch warten!

Gesprächsbereitschaft

- Gibt es in Familie, Freundeskreis oder Kollegium Probleme? Der jetzige Mondstand ist optimal, um wieder für Harmonie zu sorgen!
- Ob mit dem Partner oder der ganzen Familie – nützen Sie Ihre heutige Freizeit, um in Ruhe ein Gespräch zu führen, das Sie schon lange wollen.

Vorsicht Bei zunehmendem Mond sollte man sich zweimal überlegen, in die Sauna zu gehen. Das könnte nämlich schnell den Kreislauf überlasten.

20 Freitag

Elementengruppe: **Erde**
Besondere Nahrungsverträglichkeit: **Salz**
Beeinflusster Pflanzenteil: **Wurzel**
Dominierte Körperregionen: **Knie, Haut, Knochen**

03.56

Mond und Garten

- Mit Sicherheit sprießt jetzt immer noch einiges Unkraut: Warten Sie mit dem Jäten aber bis zu den Wassermanntagen. Dann ist es günstig!
- Wenn die Temperaturen jetzt noch nicht zu niedrig sind, können Sie immer noch Bäume pflanzen. Die Mondkonstellation ist sehr geeignet.

Die **Aufbruchsstimmung** zwischen 13.55 und 15.55 Uhr (Mond-Mars-Sextil) gibt Ihnen Kraft für den restlichen Tag und darüber hinaus. Sie freuen sich nun richtig auf das kommende Wochenende.

Denken Sie immer daran: Man sollte sich einfach regelmäßig was Schönes gönnen. Ein interessanter **Theaterabend** wäre heute das Richtige.

21 Samstag

Mond und Körper

- Da der zunehmende Mond im Tierkreiszeichen Steinbock steht, sollten Sie jetzt beim Joggen oder bei einer anderen Sportart, welche die Knie belastet, nichts übertreiben.
- Nehmen Sie sich wieder mal genügend Zeit für eine sorgfältige Pflege der Nägel an Händen und Füßen. Bei diesem Mondstand ist das optimal.
- Gegen trockene Gesichtshaut hilft eine Maske, die Sie sich ganz einfach aus etwas Karottensaft, 2 Tropfen Öl und einem halben Eigelb selbst mischen können.

Die passende Therapie

Das Wichtigste ist heute, seine Balance zu wahren bzw. wiederzufinden. Darum sind am Abend dieses Steinbocktages keine Aktionen, sondern ausschließlich Ruhe angesagt.

22
Sonntag

05.31

08.07

Elementengruppe: ***Luft***
Besondere Nahrungsverträglichkeit: ***Fett***
Beeinflusster Pflanzenteil: ***Blüte***
Dominierte Körperregionen: ***Unterschenkel, Venen***

Gesundheit

- In der Zeit des zunehmenden Mondes befindet sich der Körper weniger in der Aktiv-, sondern vielmehr in der Regenerationsphase. Schonen Sie sich also, vor allem sonntags!
- Denken Sie wieder einmal in Ruhe darüber nach: Es ist gut, wenn die Ernährung nach einem festen Rhythmus abläuft – morgens, mittags, abends. Zwischenmahlzeiten übersäuern!

Schutz vor Kälte

Nicht winterfeste Kübelpflanzen sollten mittlerweile alle ins Haus gebracht worden sein. Dasselbe gilt auch für die Balkonpflanzen: Alles, was dem rauen Wetter nicht standhalten würde, muss jetzt ins Winterlager.

23
Montag

! Wenn Sie gerade sehr frustriert sind, sollten Sie eine gewisse sentimentale Neigung schnell wieder in den Griff bekommen, weil diese heute in Selbstmitleid umkippen könnte. Und das würde Sie nicht gerade befähigen, das Nötige zu unternehmen.

Haus und Garten

- An Zwillinge- und Wassermanntagen wird vom Mond beispielsweise das Verglasen und Einsetzen von Fenstern erleichtert.
- Wer jetzt noch robuste sommergrüne Ziergehölze pflanzen möchte, wird dabei vom zunehmenden Mond im Wassermann unterstützt.

Um 21.05 Uhr beginnt eine 13,5 Stunden lange **Mondpause**.
Daher sind die Tipps für die heutige Freizeitgestaltung z. B. der Rückzug in die eigenen vier Wände, das Pflegen von sehr guten Bekanntschaften und die Beschäftigung mit Kunstgewerbe.

24 Dienstag

10.34

Elementengruppe: **Wasser**
Besondere Nahrungsverträglichkeit: **Kohlenhydrate**
Beeinflusster Pflanzenteil: **Blatt**
Dominierte Körperregionen: **Füße, Zehen**

Haben Sie in letzter Zeit nicht genügend Mineralstoffe und Vitamine zu sich genommen? Bei zunehmendem Mond ist ein **Ausgleich** schneller erreicht!

Beim jetzigen Mondstand haben Sie zwar gute Ideen, Ihr **Gedächtnis** könnte Sie später aber im Stich lassen. Darum jeden Einfall gleich notieren!

25 Mittwoch

Küche und Gartenteich

- Nur zu, wenn Sie gerade heute ein neues Rezept ausprobieren wollen! An einem Fischetag wird Ihnen das Gericht sicher gelingen und schmecken.
- Topfen Sie bei dieser Mondkonstellation Petersilie für den Verbrauch über den Winter ein. Dann haben Sie während der rauen Saison immer genügend frische Vitamine!
- Die Besitzer eines Gartenteichs sollten jetzt auch alle nicht winterfesten Seerosen ins schützende Winterlager bringen. Nützen Sie dafür diesen Blatttag.

26 Donnerstag

Nationalfeiertag Österreichs

Abendgestaltung
Vergeuden Sie Ihre heutige Freizeit nicht mit Nebensächlichkeiten. Sondern konzentrieren Sie sich auf etwas, woran Ihnen wirklich sehr gelegen ist. Dann können Sie pure Lebensfreude tanken!

Entdeckungsreisen
In den Nächten der Wasser- und somit eben auch der Fischetage hat man häufig ziemlich intensive Träume. Achten Sie nun einmal darauf!

12.03

Oktober

27
Freitag

Elementengruppe: **Feuer**
Besondere Nahrungsverträglichkeit: **Eiweiß**
Beeinflusster Pflanzenteil: **Frucht**
Dominierte Körperregionen: **Kopf, Gesicht**

! Eine Lüge sollte nie das Mittel sein, um zu bekommen, was man will. Seien Sie heute ganz offen – selbst wenn der eine oder andere dadurch befremdet sein wird. So können Sie einen echten Sieg erringen, der Sie auch in einem besseren Licht zeigt.

Widdermond und Gesundheit
Im Falle von Kopfschmerzen sollten Sie nicht gleich zu Medikamenten greifen. Nehmen Sie etwas Melissengeist ein, auch das kann helfen.

Abenteuerlust
Dieser Tag steckt voller typischer Widderenergie. Darum haben Sie abends wahrscheinlich viel mehr Lust, etwas zu erleben, als sich »nur« auszuruhen.

28
Samstag

22.25

13.45

Widdervollmond und Gesundheit
- Verzichten Sie bei diesem Vollmond darauf, zu extrem Sport zu treiben. Sie würden wahrscheinlich schnell an Ihre körperlichen Grenzen stoßen!
- Machen Sie diesen Feuertag zum Gemüsetag und ernähren Sie sich gesund sowie bekömmlich: z. B. mit Hülsenfrüchten, Paprika oder Zucchini.

Vorsicht!
Sie bekommen erfahrungsgemäß meistens, was Sie wollen? Kokettieren Sie vor allem heute nicht damit. Das würde nur für viel Wirbel sorgen!

Der Lorbeer und der Hochmut sind gefährlich.
Adelbert von Chamisso

29 Sonntag

Ende der Sommerzeit

Elementengruppe: ***Erde***
Besondere Nahrungsverträglichkeit: ***Salz***
Beeinflusster Pflanzenteil: ***Wurzel***
Dominierte Körperregionen: ***Kiefer, Hals, Nacken***

Hals und Stimmbänder sind an Stiertagen besonders empfindlich. Die nasskalte Herbstwitterung ist ein Grund, noch mehr aufzupassen!

Sorgen Sie für genügend Vitamine während des Winters! Der Mond im Stier begünstigt das Einlagern, aber auch das Einkochen von **Wurzelgemüse**.

Wollen Sie eine **Versicherung** aktualisieren oder kündigen? Sehen Sie die Unterlagen rechtzeitig durch, bevor gewisse Fristen abgelaufen sind. Beim jetzigen Mondstand haben Sie auch viel Sinn für solche Angelegenheiten.

Versuchen Sie heute, sich die Zeit für einen Abend im Kreis der **Familie** zu nehmen. Dabei können Sie sich auch gleich mit allen Problemen befassen.

30 Montag

16.09

Weil jetzt der abnehmende Mond im Stier steht, haben eine entspannende **Nackenmassage** und ein heilendes **Bad** große Wirkung.

Von 12.37 bis 14.37 Uhr bilden Mond und Pluto ein Trigon. Da scheuen Sie keine Mühen, um Ihre Vorbereitungen für ein **Projekt** abzuschließen.

Wer denkt jetzt nicht gern an gemütliche Winterabende bei knisterndem Kaminfeuer? Lagern Sie deshalb genügend **Brennholz** ein.

An diesem Mondtermin wäre es besonders günstig, alle leer stehenden **Beete** mit Algenkalk, Gründüngung oder Kompost zu versorgen.

Sie sind ein passionierter **Modellbauer**? Ihr Steckenpferd wird Ihnen heute besonders viel Spaß bereiten. Jetzt vermeiden Sie auch Flüchtigkeitsfehler.

31
Dienstag

Reformationsfest **Halloween**

Elementengruppe: ***Luft***
Besondere Nahrungsverträglichkeit: ***Fett***
Beeinflusster Pflanzenteil: ***Blüte***
Dominierte Körperregionen: ***Schultern, Arme, Hände***

! Heute kann sich für Sie ein sehr bedeutendes Gespräch ergeben, falls Sie bereit sind, wirklich etwas von sich mitzuteilen, und nicht nur eine gewisse Fassade aufrechterhalten wollen. Wagen Sie sich also unbedingt aus Ihrem eigenen Schatten!

Augenmaß beweisen!

- Überschreiten Sie an diesem Zwillingetag nicht den Punkt, ab dem die Neugier zur Taktlosigkeit wird. Sie würden nichts erfahren und Ihr Gegenüber nur nachhaltig verprellen!
- Verhalten Sie sich dem anderen Geschlecht gegenüber nicht zu eitel, sonst kann anfängliches Interesse schnell in Ablehnung umschlagen!

1
Mittwoch

Allerheiligen

22.31

Mond und Körper

- Wirken Sie an diesem Zwillingetag Verspannungen im Schulterbereich entgegen, indem Sie beispielsweise zwischendurch kleinere Gymnastikübungen einlegen.
- Die Haut ist bei abnehmendem Mond belastbarer und weniger schmerzempfindlich. Also eine günstige Zeit für Tiefenreinigung und Haarentfernung!

Tipp Vielleicht möchten Sie ja Ihr Fahrrad für die Wintereinlagerung fertig machen – vor allem reinigen und einölen! Dieser Lufttag ist dafür günstig.

Um 13.38 Uhr beginnt eine knapp neunstündige **Mondpause**.
Wenn Sie in dieser Zeit sehr beschäftigt sind, sollten Sie sich immer wieder fragen: Was treibt Sie an? Das Interesse am Neuen, Neugier auf Experimente? Sie müssen dabei jedenfalls immer genug kritische Distanz bewahren.

2 Donnerstag

Allerseelen

Elementengruppe: ***Wasser***
Besondere Nahrungsverträglichkeit: ***Kohlenhydrate***
Beeinflusster Pflanzenteil: ***Blatt***
Dominierte Körperregionen: ***Magen, Lunge, Galle, Leber***

Kein geeigneter Zeitpunkt
Geldangelegenheiten regeln, Verhandlungen führen, Projekte planen ist bei Krebsmond nicht zu empfehlen. Suchen Sie dafür einen anderen Termin.

Haus und Garten

- Das Kuchenbacken kann heute nicht empfohlen werden. Aber alles, was Sie an Köstlichkeiten in Topf oder Pfanne zubereiten, wird Ihnen gelingen.
- Garderobe, die erst mal gereinigt werden muss, bevor man sie einlagert, sollte in dieser dafür günstigen Mondphase weggebracht werden.
- Bei Bedarf topfen Sie jetzt Chicorée zum Bleichen ein. Und auch das Ausgraben sowie Eintopfen von Schnittlauch wird von der Mondkonstellation gerade sehr begünstigt.

3 Freitag

Gute Leistung
Die jetzige Mondkonstellation fördert das Talent für schwierige Arbeit, die man erfahrungsgemäß nur mit absoluter Präzision bewältigen kann.

Von 11.50 bis 13.50 Uhr bilden Mond und Merkur ein Trigon. Mit Ihrer **Begabung**, schnell umzudenken und auch mal kurzfristig umzudisponieren, können Sie da bei jemandem, der für Sie sehr wichtig ist, großen Eindruck hinterlassen.

Dieser Wassertag ist günstig, um die nicht winterharten **Seerosen** ins frostfreie Winterlager zu bringen – falls noch immer nicht geschehen.

Gute Gesellschaft
An Krebstagen ist die Sehnsucht nach Geborgenheit groß – auch im Kreis guter Freunde. Deshalb sagen Sie auch nicht nein, wenn man Sie einlädt.

Elementengruppe: ***Feuer***
Besondere Nahrungsverträglichkeit: ***Eiweiß***
Beeinflusster Pflanzenteil: ***Frucht***
Dominierte Körperregionen, -funktionen: ***Herz, Kreislauf, Blutdruck***

4
Samstag

08.22

Langsam kommt der Winter

- Es wird nun Zeit, an die im Garten überwinternden Vögel zu denken. Säubern Sie die Vogelhäuschen vor dem Aufhängen noch mit Seifenlauge.
- Der abnehmende Mond im Löwen begünstigt den Winterschnitt an den Obstbäumen. Bei mildem Wetter sollten Sie also gleich beginnen.

5
Sonntag

09.38

Erleben ...

Halten Sie sich zumindest einen Teil dieses Tages für den Partner frei, und genießen Sie Ihre Zweisamkeit. Machen Sie aber keine allzu konkreten Pläne. So bleibt mehr Handlungsspielraum, der Ihnen beiden guttun wird.

... und Gedankenspiele

Am heutigen Löwetag können Sie sich bei der Suche nach einem überzeugenden Konzept voll auf Ihre Kreativität verlassen. Das baut Sie auf!

6
Montag

20.40

Mond und Wohlgefühl

Bei Verspannungen im Rücken sollten Sie sich jetzt unbedingt massieren lassen. Mondphase und -stand werden deutlich zur Linderung beitragen!

Ab 8.26 Uhr ist eine gut zwölfstündige **Mondpause** gegeben.
Heute besteht insgesamt die Neigung, alles bestimmen zu wollen. Und das nur, weil man sich völlig unnötige Sorgen macht. Dagegen unbedingt anzukämpfen ist die einzig richtige Lösung!

7 Dienstag

Elementengruppe: **Erde**
Besondere Nahrungsverträglichkeit: **Salz**
Beeinflusster Pflanzenteil: **Wurzel**
Dominierte Körperfunktionen: **Stoffwechsel, Verdauung**

Die Balance wahren

- Sie tun etwas für Ihren inneren Frieden und reagieren ganz gelassen, wenn der Partner heute nicht in jedem Moment Ihre Erwartungen erfüllt.
- Haben Sie Meinungsverschiedenheiten mit einem Kollegen? Sparen Sie sich ein Gespräch, falls Sie eine Annäherung gar nicht wünschen!

Haus und Garten

- Kleine Arbeiten im Haushalt, wie beispielsweise das Ausbessern von Lackfehlern, werden jetzt schnell und zufriedenstellend erledigt sein.
- Falls Sie ein beheizbares Gewächshaus besitzen, können Sie bei dieser Mondkonstellation immer noch Wurzelgemüse aussäen.

8 Mittwoch

Schönheit und Wohlgefühl

- Die momentane Mondphase begünstigt beispielsweise die Tiefenreinigung der Gesichtshaut und das Abfüllen von Kräutersalben.
- Egal, ob Sie zu den momentanen Erkältungsopfern gehören oder einfach eine feine Art der Entspannung suchen – nehmen Sie ein schönes Bad!

Aha-Erlebnis

Sitzen Sie zurzeit an einem aufwendigen Text, mit dem Sie bisher nicht gut vorangekommen sind? Das kann sich an diesem Jungfrautag ändern!

Mond und Garten

- Wenn es Ihre Hecke wieder einmal nötig hat, ordentlich ausgelichtet zu werden, ist der abnehmende Mond eine gute Zeit dafür.
- Mondphase und -stand unterstützen noch so manches: z.B. Gründüngung einarbeiten, Rosen anhäufeln oder auch ein Hügelbeet anlegen.

November

9
Donnerstag

09.09

Elementengruppe: **Luft**
Besondere Nahrungsverträglichkeit: **Fett**
Beeinflusster Pflanzenteil: **Blüte**
Dominierte Körperregionen: **Hüfte, Nieren, Blase**

Beruflich und privat auf gutem Weg

- Nun besitzen Sie genügend Energie und Kreativität, um einen guten Start in die zweite Wochenhälfte hinzulegen. Das verschafft viel Motivation.
- Gab es Unstimmigkeiten? An diesem Waagetag können Sie in der Partnerschaft wieder mehr Harmonie empfinden. Genießen Sie es!

10
Freitag

Fallstricke

Gerade wenn Sie schnell mal kleine Routinetätigkeiten erledigen, sollten Sie bedenken, dass man an Waagetagen zu Leichtsinnsfehlern neigt! Verführt zu werden ist etwas Schönes – aber nur, wenn man möchte. Achten Sie also genau auf die Stimmung des anderen, bleiben Sie sensibel!

Reue ist Verstand, der zu spät kommt.
Ernst von Feuchtersleben

11
Samstag

Martinstag

Noch ruht die Gartenarbeit nicht

- Falls noch nicht geschehen, sollten Sie sich nun um den Schutz Ihres Frühbeets kümmern und es mit Brettern oder Noppenfolie zudecken.
- Die Mondkonstellation ist auch optimal, um Ihre Obstbäume mit einem Stammanstrich zu versehen.

Tipp An Waagetagen ist man bei Bastelarbeiten sehr geschickt. Schauen Sie mal auf den Kalender: In drei Wochen ist ja schon der 1. Advent!

19.40

12 Sonntag

Elementengruppe: **Wasser**
Besondere Nahrungsverträglichkeit: **Kohlenhydrate**
Beeinflusster Pflanzenteil: **Blatt**
Dominierte Körperregionen: **Sexualorgane, Harnleiter**

Mond und Garten

- Wenn es zurzeit ziemlich trocken und zudem frostfrei ist, sollten Sie bei dieser Mondkonstellation Ihre Koniferen und Rhododendren gießen.
- Aber der Mondtermin ist auch günstig, um Gründüngung zu säen oder einzuarbeiten. Beispielsweise keimt Roggen sehr schnell und bleibt bis zum Frühling stehen.

Getrieben sein, zur Ruhe kommen

Stehen Sie unter **Zeitdruck**, weil Sie eine Projektplanung abschließen müssen? An diesem Skorpion-Sonntag werden Sie gut damit vorankommen! Ziehen Sie sich zumindest abends etwas in Ihre private Nische zurück, entzünden Sie eine Duftlampe, und treten Sie eine kleine **Reise ins Ich** an.

13 Montag

10.29

Wassertage sind mit die schlechtesten **Backtermine**. In dieser Mondphase müssen Sie immer damit rechnen, dass der zu feuchte Teig leider überhaupt nicht aufgehen wird!

Zeit für einen Neubeginn

Neigen Sie dazu, ständig für den Partner mitzuentscheiden? Vermeiden Sie das heute. Und versuchen Sie, diese Bevormundung ganz einzustellen. Ein Neumondtag ist dafür ein begünstigter Startpunkt.

Wer Weisheit übt,
legt anderen keinen Zwang auf.
Friedrich von Bodenstedt

November

14
Dienstag

03.24

Elementengruppe: ***Feuer***
Besondere Nahrungsverträglichkeit: ***Eiweiß***
Beeinflusster Pflanzenteil: ***Frucht***
Dominierte Körperregionen: ***Oberschenkel, Venen***

Von 15.46 bis 17.46 Uhr (Mond-Venus-Sextil) sind Ihre Sinne geschärft. Weil Sie daher genauer hinsehen, könnten Sie jemanden kennenlernen, der bei Ihnen durch seine besondere Art einen großen Eindruck hinterlässt.

Viel los im Berufsleben ...
Sie haben bei Verhandlungen bisher nur eine Pattsituation erreicht? Jetzt könnten sich endlich Möglichkeiten für einen Kompromiss auftun.

... und im Privatleben
Wenn Sie heute eine neue Bekanntschaft machen, werden Sie sich vor allem für die Person hinter der Fassade interessieren. Dringen Sie aber nicht zu weit vor, verschrecken Sie sie nicht!

15
Mittwoch

Vorsicht Muskelkater!
Bei dieser Mondkonstellation sollten Sie möglichst auf Sport verzichten. Sonst riskieren Sie einen Muskelkater, den Sie noch lange spüren würden!

Konservieren
Sauerkraut ist ein vitaminreicher Begleiter über den Winter. Stellen Sie es selbst her? Der aufsteigende Mond begünstigt das Einlegen von Weißkohl. Zudem ist bei diesem Mondstand das Einkochen von Obst günstig.

Sinnvolle Gespräche
Müssen Sie in der Familie, mit dem Partner oder einem Freund etwas klären? Am diesem Schützetag werden Sie sich wahrscheinlich einigen können.

Tipp Egal, ob Sie am Abend dieses Feuertags zu Hause bleiben oder ausgehen – nehmen Sie zunächst ein Bad. Das weckt Ihre Lebensgeister.

16 Donnerstag

Elementengruppe: **Erde**
Besondere Nahrungsverträglichkeit: **Salz**
Beeinflusster Pflanzenteil: **Wurzel**
Dominierte Körperregionen: **Knie, Haut, Knochen**

08.43

Gesundheit und Schönheit

Bei einem **Zehennagel** besteht schnell mal die Gefahr, dass er einwächst. Die Mondkonstellation ist günstig, falls Sie einen Nagel korrigieren müssen. Dieser Steinbocktag kann besonders für die Herstellung von Kräutersalben empfohlen werden, die zur Schönheitspflege der **Haut** beitragen.

17 Freitag

Für junge Haut

Wählen Sie am heutigen Steinbocktag eine alternative Hautpflegemethode: Essen Sie Ananas. Diese Frucht lässt sogar Altersflecken schwinden!

Credo des Tages

Der Steinbockmond macht es Ihnen heute relativ leicht, vollen Einsatz zu zeigen. Denn Sie sehen jetzt eigentlich nicht die Schwierigkeiten, sondern vielmehr Ihre Aufgaben.

18 Samstag

Für beste Ernährung

Sind Sie der Meinung, dass gewisse eingelagerte Wurzelgemüse jetzt nicht mehr lange halten werden? Kochen Sie sie ein – der Mond ist günstig.

Höhepunkt des Tages

Der Mondstand trägt dazu bei, dass man jetzt sehr gerne ins Theater geht. Und dann kann man auch einem eher melancholischen Stück noch viel mehr abgewinnen.

12.29

19 Sonntag

Volkstrauertag

Elementengruppe: ***Luft***
Besondere Nahrungsverträglichkeit: ***Fett***
Beeinflusster Pflanzenteil: ***Blüte***
Dominierte Körperregionen: ***Unterschenkel, Venen***

Zusammengehörigkeitsgefühl

Von 09.13 bis 11.13 Uhr gehen Mond und Venus ein Trigon ein: Jetzt ist der Umgang mit Ihrem Partner sehr vertraut. Sie empfinden in vielen Momenten sehr intensiv, dass Sie nicht mehr aufeinander verzichten möchten.

Für das Wohlbefinden

Vor allem die Venen im Unterschenkelbereich stehen unter dem Einfluss des Wassermannmonds. Essen Sie jetzt Äpfel – das kräftigt die Venen.

Für eine gute Stimmung

Mit dem 1. Advent in zwei Wochen beginnt die Vorweihnachtszeit. Möchten Sie daher nicht langsam Ihr Zuhause passend schmücken?

20 Montag

11.51

15.30

Eigenständigkeit

Selbst ist der Mann bzw. die Frau. Dieses Motto hat bei diesem Mondstand besondere Bedeutung, weil man jetzt sehr gut allein für sich sorgen kann.

Haus und Garten

- Übernächstes Wochenende ist der 1. Advent. Backen Sie nun doch mal die ersten Plätzchen. Mondphase und -stand sind sehr günstig dafür.
- Wenn der Boden noch nicht gefroren ist, kann man jetzt noch völlig problemlos robuste Arten der sommergrünen Ziergehölze pflanzen.
- Bei dieser Mondkonstellation ist es auch begünstigt, Kaltkeimer zu säen. Und lüften Sie auch Ihr Obstlager, falls das Wetter ziemlich mild ist.

Freizeit

Bei diesem Mondstand hat man großes Interesse an Kunst. Und wenn Sie nicht das Haus verlassen wollen, schalten Sie einfach einen Kulturkanal ein!

21 Dienstag

Elementengruppe: ***Wasser***
Besondere Nahrungsverträglichkeit: ***Kohlenhydrate***
Beeinflusster Pflanzenteil: ***Blatt***
Dominierte Körperregionen: ***Füße, Zehen***

Heute setzen Sie mit Lust an der Arbeit und viel Disziplin Ihre guten Ideen um. Sie brauchen auch keine Anlaufzeit wegen des Wochenbeginns.

Die Phantasie ist ein ewiger Frühling.
Schiller

Jetzt kann es passieren, dass Ihr Partner andere Vorstellungen hat als Sie. Mit etwas gegenseitigem Entgegenkommen ist das aber kein Problem!

Thema Gartenteich
Der sollte natürlich wie jedes Jahr vor dem Zufrieren geschützt werden: Stellen Sie beispielsweise einfach ein Büschel Schilfrohr hinein.

22 Mittwoch

18.21

Buß- und Bettag

Wohlbefinden
- An einem Fischetag bei zunehmendem Mond wirkt eine Fußreflexzonenmassage besonders regenerierend und verschafft letztlich vor allem ein tolles Körpergefühl.
- Momentan ist nur kurzes Stoßlüften zu empfehlen, da bei dieser Mondkonstellation schnell die Feuchtigkeit angezogen wird.
- Wenn Sie sich heute durch die Kälte oder womöglich nasskaltes Wetter gekämpft haben, sollten Sie danach ein heißes Fußbad nehmen.

Beziehungsleben und Freizeit
- In der Partnerschaft suchen Sie jetzt vor allem eines – viel Zärtlichkeit. Und der Mond in den Fischen zaubert dafür die richtige Stimmung.
- An Fischetagen hat man viele Interessen – vom Kino bis zum Sport. Aber der Rückzug in die Geborgenheit des Zuhauses ist einem heilig!

47. Woche 2023

November

23
Donnerstag

Elementengruppe: ***Feuer***
Besondere Nahrungsverträglichkeit: ***Eiweiß***
Beeinflusster Pflanzenteil: ***Frucht***
Dominierte Körperregionen: ***Kopf, Gesicht***

Berufliches

- Widdertage bei zunehmendem Mond sind gute Termine, um zu verhandeln. Und wenn Sie für heute richtig vorbereitet sind, werden Sie auch erfolgreich sein.
- Zudem können Sie manch einem beweisen, wie sehr Sie alles Festgefahrene nervt und dass man sich ein falsches Bild von Ihnen gemacht hat.

Gärtnern

- Der zunehmende Mond im Widder bedingt, dass im Fall von frostfreiem Wetter das Pflanzen von Obstbäumen und Beerensträuchern günstig ist.
- Relativ frostunempfindliche Gemüse, wie beispielsweise Grünkohl, Winterlauch und Rosenkohl, können jetzt immer noch geerntet werden.

24
Freitag

21.30

Widdermond und Gesundheit

- Konzentrationsschwierigkeiten sind bei diesem Mondstand keine Seltenheit. Ein paar Tropfen Rosmarinöl in der Duftlampe können da erfahrungsgemäß schnell helfen.
- Leiden Sie vor allem an Widdertagen häufiger an Kopfschmerzen oder sogar Migräne? Pfefferminzöl in der Duftlampe trägt da meistens zu nachhaltiger Linderung bei.

Gute Laune

Sehen Sie sich ein Theaterstück an? Sind Sie zu einer Party eingeladen? Oder geht's mit Freunden in die Kneipe? Sie werden bei dieser Mondkonstellation jedenfalls Spaß haben!

Die Freudigkeit ist die Mutter aller Tugenden.
Goethe

25
Samstag

Elementengruppe: ***Erde***
Besondere Nahrungsverträglichkeit: ***Salz***
Beeinflusster Pflanzenteil: ***Wurzel***
Dominierte Körperregionen: ***Kiefer, Hals, Nacken***

Gutes aus der Arbeitswelt

Die Mondkonstellation könnte nicht besser sein, um die Finanzierung eines Projekts festzulegen. Sie werden mit Ihren Zahlen dann nächste Woche sicher auf Zustimmung stoßen!

Gutes für die Sinne

Schlendern Sie mal in Ruhe durch die wundervollen Weihnachtsabteilungen der Kaufhäuser, und halten Sie Ausschau nach ein paar tollen Geschenken. Der Stiermond sorgt dabei für besonders schöne Impulse.

Des Menschen Gemüt ist sein Geschick.

Ferdinand Lasalle

26
Sonntag

Totensonntag

Mond und Gesundheit

Der zunehmende Mond verstärkt die Wirkung eines heilenden Bades sowie alle Maßnahmen zur Hauternährung und Korrektur eingewachsener Nägel. Ist Ihr Magen etwas übersäuert? Setzen Sie Kartoffeln auf den Speiseplan. Dieses Wurzelgemüse kann schnell Abhilfe schaffen!

Erdzeichen und Wurzelgemüse

Wenn der Mond den Stier durchwandert, sind erfahrungsgemäß vor allem die Ernte und Einlagerung von Wurzelgemüse günstig. Und falls Sie das Wurzelgemüse lieber einkochen wollen, sollten Sie das auch gleich erledigen: Es wird dann lange seinen vollen Geschmack behalten.

Freizeittipp für diesen Stiertag

Bleiben Sie heute zu Hause, machen Sie es sich mit dem Partner gemütlich, und ruhen Sie sich aus. Besonders Lärm würde Sie jetzt sehr belästigen!

27
Montag

10.17

01.41

Elementengruppe: **Luft**
Besondere Nahrungsverträglichkeit: **Fett**
Beeinflusster Pflanzenteil: **Blüte**
Dominierte Körperregionen: **Schultern, Arme, Hände**

Auf schwanker Leiter der Gefühle!
Schiller

- Wenn Sie nun ein berufliches Problem einfach nicht aus dem Kopf bekommen, ist es besser, sich ihm zu stellen und intensiv darüber nachzudenken.
- Aber mit nur ein bisschen Willen schaffen Sie es, die eigenen Sorgen letztlich nicht so wichtig zu nehmen und auch wieder verstärkt das Positive in Ihrem Leben zu sehen. So können Sie einerseits abschalten und andererseits neuen Mut schöpfen.
- Und falls in dieser Mondphase die seelische Angespanntheit bleibt sowie noch körperliche Erschöpfung dazukommt, hilft ein Melissenbad. Das beruhigt die Nerven und regt den Kreislauf an.

28
Dienstag

Es langsam angehen lassen!
Falls Sie öfter Verspannungen in der Schulterregion zu beklagen haben, sollten Sie so kurz nach Vollmond immer noch keinen Sport treiben, der diesen Bereich allzu sehr belastet.

An der Heimwerkerfront
Die Mondkonstellation unterstützt jetzt alle Glaserarbeiten, so beispielsweise das Einsetzen von Fenstern. Die Scheiben werden dann erfahrungsgemäß sehr klar bleiben.

Kontaktfreude
Ein Besuch – ob man ihn macht oder bekommt – verläuft an Zwillingetagen meist sehr angenehm. Da hat man großes Interesse am Austausch.

29 Mittwoch

Elementengruppe: ***Wasser***
Besondere Nahrungsverträglichkeit: ***Kohlenhydrate***
Beeinflusster Pflanzenteil: ***Blatt***
Dominierte Körperregionen: ***Magen, Lunge, Galle, Leber***

07.55

Nach dem Garten sehen

- Falls Sie in letzter Zeit immergrüne Gehölze gepflanzt haben und es im Moment sehr trocken ist, sollten Sie kontrollieren, ob sie gewässert werden müssen.
- Reiben Sie mit einer Drahtbürste von den Obstbäumen lose Rindenteile ab, da sich dort Blutläuse und Spinnmilben verbergen können.

30 Donnerstag

Dominanz der Gefühle

Heute ist das Gefühl oft stärker als der Verstand. Lassen Sie sich dennoch nicht von Emotionen überwältigen, verhalten Sie sich vorbildlich! Entspannen Sie sich z. B. bei einem gemütlichen Abendessen zu zweit. Da fällt es Ihnen sicher leicht, gewisse Alltagssorgen schnell zu vergessen.

Die Gefühle bestimmen ihr Ziel selbst.

Leo N. Tolstoi

1 Freitag

Mond und Körper

- Laut einer alten Mondregel ist die Haarwäsche ziemlich ungünstig, wenn der Mond im Wasserzeichen Krebs steht, weil die Haare dann an Glanz und Fülle verlieren könnten.
- Wer häufig unter Magenbeschwerden leidet, sollte bei diesem Mondstand immer leichte Kost zu sich nehmen, weil die Empfindlichkeit jetzt erhöht ist.

17.02

2
Samstag

Elementengruppe: ***Feuer***
Besondere Nahrungsverträglichkeit: ***Eiweiß***
Beeinflusster Pflanzenteil: ***Frucht***
Dominierte Körperregionen, -funktionen: ***Herz, Kreislauf, Blutdruck***

Adrett und gepflegt

In gut drei Wochen ist Weihnachten. Falls Sie deshalb einen ordentlichen Haarschnitt brauchen, sollten Sie am besten noch diese Löwetage nutzen.

Effizienz

In der Zeit von 12.46 bis 14.46 Uhr bilden Mond und Sonne ein Trigon. Nun fällt es Ihnen leicht aufzuräumen. Dabei ist es völlig gleich, ob Sie in Ihrem Büro, Ihren vier Wänden oder Ihrem Kopf für Ordnung sorgen müssen!

Aktiv, aber entspannt

Besonders an einem Löwetag haben Sie genug Power, um alles wegzuarbeiten, was jetzt wirklich noch erledigt werden sollte.

3
Sonntag

1. Advent

! Wenn Sie heute die anderen nicht mit Argumenten umstimmen können, sollten Sie nicht gleich gereizt reagieren. Und falls Ihnen die Überzeugungsarbeit gar nicht gelingt, müssen Sie es einfach auf sich beruhen lassen!

Haus und Garten

- Lüften und kontrollieren Sie jetzt wieder mal das Obst- und Gemüselager. Alles, was nicht mehr in Ordnung ist, muss sofort aussortiert werden!
- Sie sollten auch nicht vergessen, im Winterlager immer wieder die Blumenzwiebeln sowie -knollen zu überprüfen und faulige zu entfernen.
- Falls es noch nicht geschehen ist, könnten Sie heute beispielsweise mit dem Winterschnitt an Ihren Obstbäumen beginnen. Die Mondkonstellation ist nun sehr günstig.

Tipp Immer noch keine Weihnachtsplätzchen gebacken? Na dann los! Jetzt sind nämlich Mondphase und -stand sehr geeignet.

4
Montag

04.51

Barbaratag

Elementengruppe: **Erde**
Besondere Nahrungsverträglichkeit: **Salz**
Beeinflusster Pflanzenteil: **Wurzel**
Dominierte Körperfunktionen: **Stoffwechsel, Verdauung**

Die richtige Ernährung

- Probleme mit der Verdauung? Vor allem bei der jetzigen Mondkonstellation können Birnen, Ananas, Feigen, Trauben und Grapefruits helfen.
- Übersalzen Sie jetzt Ihr Essen nicht, besonders wenn Sie unter hohem Blutdruck leiden. Nun reagiert Ihr Körper nämlich noch sensibler darauf.

5
Dienstag

06.50

Immer noch ein bisschen Gartenarbeit

- Besitzer eines beheizten Treibhauses können dort nach wie vor Saatzwiebeln und Sommerlauch ansäen. Die Mondkonstellation ist günstig.
- Wintergemüse im Freiland sollten Sie bei Frostgefahr und fehlender ausreichender Schneedecke jetzt unbedingt mit Zweigen abdecken.

Home sweet home

Haben Sie in Haus oder Wohnung noch ein paar Kleinigkeiten zu renovieren? Mondphase und -stand begünstigen nun Streich- und Lackierarbeiten.

6
Mittwoch

17.36

Nikolaustag

Nach Ruhe und Entspannung suchen

- Der Mondstand kann zu zwischenmenschlichen Spannungen beitragen. In diesem Fall ziehen Sie sich besser zurück, als Öl ins Feuer zu gießen!
- Verzichten Sie nach einem stressreichen Tag darauf, noch wegzugehen. Nehmen Sie auf dem Sofa Platz, und reflektieren Sie all Ihre Eindrücke.
- Gönnen Sie sich vor der Nachtruhe noch ein entspannendes Vollbad, dem Sie beispielsweise ein paar Tropfen Ihres liebsten ätherischen Öls zugesetzt haben.

Dezember

7 Donnerstag

Elementengruppe: ***Luft***
Besondere Nahrungsverträglichkeit: ***Fett***
Beeinflusster Pflanzenteil: ***Blüte***
Dominierte Körperregionen: ***Hüfte, Nieren, Blase***

Gute Neuigkeiten

- Bis morgen ist der Waagemond sehr dominant. Daher können Sie sich zwei in aller Regel harmonische Wochentage erwarten.
- Kommunikationsfähigkeit und Kreativität sind an diesen Waagetagen Ihre Trümpfe, durch die Sie Erfolg haben können. Machen Sie was draus!

Tipp Möchten Sie vor den Feiertagen vielleicht auch noch eigenes Brot backen? Diese Lufttage tragen dazu bei, dass es besonders locker wird.

Programmgestaltung

Der Freizeittipp für den heutigen Waageabend ist einfach: Verbringen Sie so viel Zeit wie möglich im Kreis Ihrer Lieben. Das ist Programm genug!

8 Freitag

Mariä Empfängnis

! Heute dürfen Sie beim Versuch, Ihr Ziel noch in dieser Woche zu erreichen, auf keinen Fall zu waghalsig vorgehen. Sonst machen Sie sich durch überstürztes Handeln mehr kaputt, als Sie hätten ausrichten können!

Mond, Haus und Garten

- Sind bei Ihnen zu Hause noch irgendwelche Malerarbeiten auszuführen? Besorgen Sie alles, was Sie brauchen, und fangen Sie gleich an.
- Wenn zurzeit mildes Wetter herrscht, können Sie bis zum Neumond noch die Auslichtung von Ziergehölzen vorantreiben.
- Jetzt sollten Sie die Gartenwerkzeuge, die Sie wirklich nicht mehr benötigen, reinigen, einölen und verstauen. Die Mondkonstellation ist günstig.

Highlight

Da bei diesem Mondstand das Herz aller Kulturbegeisterten höherschlägt, wäre ein Opern- oder Ballettbesuch doch die wahre Krönung dieses Tages!

9 Samstag

Elementengruppe: **Wasser**
Besondere Nahrungsverträglichkeit: **Kohlenhydrate**
Beeinflusster Pflanzenteil: **Blatt**
Dominierte Körperregionen: **Sexualorgane, Harnleiter**

04.36

Weihnachtsvorbereitungen

- Nicht nur an Stier- und Jungfrau-, sondern auch an Skorpiontagen fällt das Einkaufen meist leichter als sonst. Fehlt z. B. noch Weihnachtsdekoration?
- Sie haben bisher versäumt, Feiertagsgrüße zu schreiben? Oder noch keine Geschenke besorgt? Noch ist Zeit – machen Sie sich heute dran!

10 Sonntag

2. Advent

Blasenschwäche

Daran leiden nicht wenige! An Waage- und Skorpiontagen kann dieses Problem leider verstärkt auftreten. Ein Heublumenbad trägt aber in aller Regel zu einer schnellen Beruhigung des Organs bei:

- Bringen Sie 500 g Heublumen in 5 l Wasser zum Sieden.
- Lassen Sie das Ganze 20 Minuten ziehen.
- Seihen Sie den Sud ab, und geben Sie ihn in ein Sitz- oder Vollbad, das die Dauer von 15 Minuten nicht überschreiten sollte.

11 Montag

Ein Tag mit vielen Erfahrungen

- Bei diesem Mondstand sollten Sie sich mit wachen Sinnen auf die Welt und die Menschen einlassen. Das erspart Ihnen viele Unannehmlichkeiten, und Sie werden dabei vor allem sehr viel lernen!
- In einer für Sie nicht ganz einfachen Situation müssen Sie heute beweisen, dass auf Sie unbedingt Verlass ist. Das wird Ihre Sympathiewerte erhöhen.

Die Jahre lehren viel, was die Tage niemals wissen.

Ralph Waldo Emerson

12.12

12
Dienstag

Elementengruppe: ***Feuer***
Besondere Nahrungsverträglichkeit: ***Eiweiß***
Beeinflusster Pflanzenteil: ***Frucht***
Dominierte Körperregionen: ***Oberschenkel, Venen***

Mond und Körper

- Saunen ist nicht nur gesund, sondern gerade während des Trubels vor Weihnachten ein guter Beitrag zur Entspannung. Mondphase und -stand passen auch sehr gut!
- Morgen ist Neumond, da dürfen Sie nicht davon ausgehen, dass Sie noch voller Kraft stecken. Übertreiben Sie es also nicht, falls Sie Sport treiben!

Familie und Freunde

- Wenn die Familie schon mal beisammen ist: Dieser Schützetag ist für das Planen wunderbar geeignet, weil man jetzt vieles klarer vor Augen sieht.
- Aber egal, was Sie heute mit Familie oder Freunden unternehmen – entziehen Sie sich auch mal. Und seien Sie nur für sich …

13
Mittwoch

00.33

16.33

Neumond im Garten

Jetzt ist ein optimaler Mondtermin, um wieder einmal die Laufplatten des Gartenwegs oder auch die Pfosten des Zauns zu überprüfen bzw. das Nötige zu reparieren.

Tipp An einem Schützetag – und dazu noch bei Neumond – über neue Berufsziele nachzugrübeln bringt sicher gute Ergebnisse.

Vorwärtskommen

Müssen Sie abends unbedingt noch etwas aufarbeiten? Zwischen 19.40 und 21.40 Uhr ist es zwar schon spät, aber Neumond und Saturn im Sextil sorgen für gedankliche Frische, Genauigkeit sowie genügend Energie.

14 Donnerstag

Elementengruppe: ***Erde***
Besondere Nahrungsverträglichkeit: ***Salz***
Beeinflusster Pflanzenteil: ***Wurzel***
Dominierte Körperregionen: ***Knie, Haut, Knochen***

Hautpflege so oder so

- Für die Hautpflege sind Steinbocktage am günstigsten. Da der Mond jetzt wieder zunimmt, sollten Sie heute etwas für die Ernährung Ihrer Haut tun.
- Essenstipp für heute: Putengeschnetzeltes mit Aprikosen. Diese Früchte sind köstlich und kräftigen zudem Haut, Haare und Nägel!

Ordnung auf allen Gebieten

Wenn der Mond im Steinbock steht, besitzt man viel Ordnungssinn. Gibt es noch viel aufzuräumen? Sollten noch Geschenke verpackt werden?

Tipp Sind Sie der Meinung, dass einige eingelagerte Wurzelgemüse jetzt nicht mehr lange halten werden? Kochen Sie sie ein – nun ist es günstig.

15 Freitag

18.57

Mit Vernunft

- Der jetzige Mondstand trägt meist dazu bei, dass man sich selbst leichter zurücknehmen kann und alles dafür tut, Konflikte zu vermeiden.
- An Erdtagen bei zunehmendem Mond geht man in Geldangelegenheiten sehr gewissenhaft vor. Analysieren Sie jetzt Ihre finanzielle Situation.

Die Ordnung der Welt
ist die Schönheit der Welt.
Simone Weil

Der Garten im Winter

- Falls es zurzeit schneit, sollten Sie immer mal durch den Garten gehen, um vor allem die schwachen Äste von ihrer Schneelast zu befreien.
- Kontrollieren Sie auch regelmäßig die Winterschutzvorrichtungen für alle Ihre empfindlichen Pflanzen, und setzen Sie instand, was es nötig hat.

16
Samstag

Elementengruppe: ***Luft***
Besondere Nahrungsverträglichkeit: ***Fett***
Beeinflusster Pflanzenteil: ***Blüte***
Dominierte Körperregionen: ***Unterschenkel, Venen***

Für schöne Haare und Nägel

- Eine frische Tönung der Haare bringt ein bisschen Pep in das Grau des Winters. Diese Lufttage sind beispielsweise optimale Termine dafür.
- Die momentane Mondkonstellation begünstigt erfahrungsgemäß die Korrektur von eingewachsenen Nägeln – ob an Fingern oder Zehen.

Gleich, ob Sie ins Theater bzw. Konzert gehen oder sich einem guten Buch widmen – der Mondstand fördert nun alles, was die **Phantasie** anregt.

Phantasie ist das eigentlich Schöpferische im Menschen,
der Überfluss, der die Schönheit des Lebens ausmacht.
Walter Muschg

17
Sonntag

20.59

3. Advent

Bereitschaft
Wenn Sie die Zeit von 13.05 bis 15.05 Uhr (Mond-Sonne-Sextil) nicht mit Nebensächlichkeiten verschwenden, sondern Ihren wahren Bedürfnissen nachgeben, werden Sie wieder mal intensiv erleben, wie schön das Leben doch sein kann.

Vertrauen und Harmonie

- Hören Sie dem Partner interessiert zu, wenn er mit Ihnen über etwas Wichtiges sprechen möchte. Ihr gegenseitiges Verständnis wird die Beziehung noch mehr stärken!
- Wenn der Mond im Wassermann steht, ist nicht nur das Feiern eines großen Festes, sondern auch ein intimes Essen zu zweit empfehlenswert.

Tipp Falls jetzt besonders starker Frost auftritt, müssen auch die winterharten Kübelpflanzen ausreichend mit Schutzmaterial abgedeckt werden.

18
Montag

Elementengruppe: **Wasser**
Besondere Nahrungsverträglichkeit: **Kohlenhydrate**
Beeinflusster Pflanzenteil: **Blatt**
Dominierte Körperregionen: **Füße, Zehen**

! Angst ist immer ein schlechter Berater. Vermeiden Sie es besonders heute, ständig daran zu denken, dass etwas und was alles schiefgehen könnte. Sonst blockieren Sie sich nämlich völlig und sind schließlich zu wirklich nicht mehr viel fähig!

Für körperliches und seelisches Wohlergehen

- Vielleicht setzen Sie heute ja Spinat, Fenchel oder Sellerie auf den Speiseplan: Diese Gemüse tragen erfahrungsgemäß nämlich auch zu einer besseren Laune bei.
- Legen Sie vor dem Zubettgehen eine erfrischende Gesichtsmaske auf. Die bringt Ihnen neben erholsamem Schlaf sicher auch noch schöne Träume.

19
Dienstag

19.40

23.48

Sich disziplinieren
Seien Sie hart zu sich selbst und geben Sie einer gewissen Neigung zu Stimmungsschwankungen nicht nach. Dann leisten Sie gute Arbeit!

Vorausdenken
Säen Sie jetzt eigene Küchenkräuter auf der Fensterbank an. Sie brauchen dafür nur etwas Saatgut, geeignete Gefäße sowie Zellstoff oder Erde.

Nebenwirkungen vermeiden
Noch bis kurz vor Mitternacht steht der zunehmende Mond in den Fischen. Trinken Sie daher Alkohol jetzt nur in Maßen. Sonst spüren Sie ihn zu sehr!

Sich schonen
Bei diesem Mondstand weiß man die Zurückgezogenheit ganz besonders zu schätzen. Verbringen Sie falls möglich einen ruhigen Abend zu Hause.

Dezember

20
Mittwoch

Elementengruppe: ***Feuer***
Besondere Nahrungsverträglichkeit: ***Eiweiß***
Beeinflusster Pflanzenteil: ***Frucht***
Dominierte Körperregionen: ***Kopf, Gesicht***

Tipp Es kann sein, dass Sie an diesem Widdertag viel Appetit auf Obst verspüren. Greifen Sie zu. Besonders rote Früchte werden Ihnen schmecken!

Unternehmungsgeist
Haben Sie für den Abend was geplant? Gehen Sie ruhig aus, und genießen Sie die Gesellschaft anderer. Nichts zu unternehmen würde Sie bei der heutigen Mondkonstellation nur nervös machen.
Genießen Sie zuvor aber noch ein Bad mit Johanniskrautzusatz. Das ist gut für Stimmung und Ausdauer!

Heiterkeit ist der Himmel,
unter dem alles gedeiht.
Jean Paul

21
Donnerstag

Haus und Garten
- An Feuertagen bei zunehmendem Mond ist es nicht optimal, selbst zu kochen. Essen Sie heute also besser außer Haus.
- Jetzt kleinere Reparaturen im Haushalt selbst auszuführen ist begünstigt. Schwierigere Arbeiten sollten Sie aber für einen Fachmann reservieren!
- Falls sich unter der Schneelast bereits die Äste der Bäume biegen, ist es nun höchste Zeit, sie wieder mal davon zu befreien.

Aufbruchsstimmung
- Die Sterne stehen günstig. Wer sein Singledasein satthat, sollte das ausnützen. Nun besitzt man die Ausstrahlung, auf die es ankommt! Bei der jetzigen Mondkonstellation wäre es eh ein Wunder, wenn Sie keine Lust hätten, neue Bekanntschaften zu schließen und kräftig zu flirten.
- Wer die Festtage nicht in den heimischen Gefilden feiern und daher nun verreisen möchte, hat dafür einen sehr günstigen Mondstand erwischt!

22 Freitag

Winteranfang

Elementengruppe: **Erde**
Besondere Nahrungsverträglichkeit: **Salz**
Beeinflusster Pflanzenteil: **Wurzel**
Dominierte Körperregionen: **Kiefer, Hals, Nacken**

03.51

Gesundheitstipp

Leiden Sie an einer Halsentzündung? Dagegen helfen neben Gurgeln und Inhalationen auch kalte Quarkwickel, die man am besten nachts anlegt. Und der zunehmende Mond im Stier leistet auch noch seinen Beitrag!

Unter Dach und Fach

- Mondphase und -stand sind für einen Vertragsabschluss günstig. Daher sollten Sie nicht zögern, wenn alles Ihren Vorstellungen entspricht, und das Ganze zu einem guten Ende bringen!
- Wer Zukunftspläne hat, die er endlich einmal dem Partner mitteilen möchte, sollte jetzt mit ihm reden. Der Mond steht dafür günstig.

23 Samstag

Präzision

Gute Argumente sind wichtig, die Formulierung muss aber auch stimmen. Zwischen 14.35 und 16.35 Uhr (da bilden Mond und Uranus eine Konjunktion) gelingt es Ihnen, Ihren Standpunkt eindrucksvoll, weil besonders wortstark, zu vermitteln.

Bitte beachten

Bei diesem Mondstand reagiert man erfahrungsgemäß besonders sensibel auf Lärm. Versuchen Sie deshalb unbedingt, sehr laute Orte zu meiden.

Schon heute in Weihnachtsstimmung

- Der Stiermond verstärkt die sinnlichen Genüsse. Nun hat man große Lust zu schlemmen, zu trinken, zu lieben – das Leben richtig zu leben!
- Widmen Sie den Abend Ihrem Partner. Gehen Sie auf seine Vorstellungen ein, die Freizeit zu gestalten. Es wird Ihnen mit Sicherheit gefallen.

4. Advent Heiligabend

24
Sonntag

Elementengruppe: ***Luft***
Besondere Nahrungsverträglichkeit: ***Fett***
Beeinflusster Pflanzenteil: ***Blüte***
Dominierte Körperregionen: ***Schultern, Arme, Hände***

Die Weihnachtstage stehen dieses Jahr unter dem Einfluss des Mondes in den Zwillingen. Das trägt sicherlich zur angenehmen **Kommunikation** bei!

09.16

Ob Entenbrust mit Brokkoli oder »nur« gegrillte Süßkartoffeln mit Nüssen: Diese Gemüse sind besonders bei diesem Mondstand gesund und kräftigen alle **Muskeln**.

1. Weihnachtstag

25
Montag

Heute sollte Ihr Hauptmotto sein: Sich ausruhen nach allen Regeln der Kunst! Bei gutem Essen, schöner Musik, angenehmen Gesprächen ...

Der Mensch ist für die Freude geboren.
Blaise Pascal

Sich auch mit Freunden zu treffen würde Ihnen heute guttun. Die eingespielte Art, miteinander umzugehen, sorgt für ein schönes Wiedersehen.

2. Weihnachtstag

26
Dienstag

Alles für einen festlichen 2. Weihnachtstag zu bereiten ist jetzt wohl die wichtigste Hausarbeit. Der Zwillingemond fördert Ihre **Experimentierlust**.

Beim jetzigen Mondstand schätzt man auch die Gemütlichkeit zu Hause. Vielleicht haben Sie ja Lust auf einen **Weihnachtsklassiker** im Heimkino?

Legen Sie vor dem Zubettgehen eine erfrischende **Gesichtsmaske** auf. Die trägt so kurz vor Vollmond zu erholsamem Schlaf und guten Träumen bei.

16.16

27 Mittwoch

01.34

Elementengruppe: ***Wasser***
Besondere Nahrungsverträglichkeit: ***Kohlenhydrate***
Beeinflusster Pflanzenteil: ***Blatt***
Dominierte Körperregionen: ***Magen, Lunge, Galle, Leber***

Vorsicht!
In der jetzigen Mondphase sollten Sie vor allem nicht versuchen, komplizierte Reparaturen selbst auszuführen. Das könnte ins Auge gehen!

Vollmond, Gefühls- und Seelenleben
- Überlegen Sie heute gut, ob Ihre Ansprüche an den anderen berechtigt sind oder Ihre Beziehung womöglich nachhaltig erschüttern könnten.
- Besonders bei Vollmond hat man oft sehr intensive Träume. Nehmen Sie sie wirklich ernst, und erforschen Sie einmal, was Ihre Seele Ihnen mitteilt.

Die Natur des Menschen ist biegsam und fügt sich in allem.
Joseph Joubert

28 Donnerstag

Vorsorge
Biegen sich unter der Schneelast bereits die Äste der Bäume? Dann ist es nun höchste Zeit, sie konsequent davon zu befreien.

Phantasie
Falls Sie während der Stunden von 15.46 bis 17.46 Uhr (da herrscht ein Mond-Neptun-Trigon) künstlerisch tätig sind und versuchen, wirklich alles zu geben, kann Ihnen eine außergewöhnliche Idee kommen, die Ihr Projekt noch viel interessanter macht!

Ruhe
Heute bekommt es Ihnen besser, große Gesellschaft zu meiden. Also kein Freizeitstress, sondern eher Rückzug ins Private, meditieren, träumen …!

Elementengruppe: ***Feuer***
Besondere Nahrungsverträglichkeit: ***Eiweiß***
Beeinflusster Pflanzenteil: ***Frucht***
Dominierte Körperregionen, -funktionen: ***Herz, Kreislauf, Blutdruck***

29 Freitag

01.24

Wohltaten früh und abends

- Ein Bad am Morgen weckt die Lebensgeister: Geben Sie dem warmen Badewasser z. B. einen Beutel Pfefferminztee zu. Das wird Sie erfrischen.
- Gönnen Sie sich mal einen ausgiebigen Saunabesuch, um so richtig zu entspannen. Und gehen Sie auch nicht allzu spät schlafen.

30 Samstag

Dieser Fruchttag ist optimal geeignet für den **Winterschnitt** an den Kernobstbäumen. Allerdings sollte milde Witterung gegeben sein.

Sprachkunst

Verbringen Sie den heutigen Abend mit Freunden? In den Stunden von 22.01 bis 00.01 Uhr bilden Mond und Merkur ein Trigon. Da mangelt es Ihnen nicht an brillanten Formulierungen, um genauestens zu beschreiben, worum es Ihnen wirklich geht.

31 Sonntag

Silvester

12.54

Der Gesundheitsbewusste sollte das alte Jahr mit der richtigen **Ernährung** beenden: z. B. mit Fruchtgemüse, Hülsenfrüchten und rotem Obst.

Ob romantische bzw. leidenschaftliche Zweisamkeit, friedliche Familienbesuche oder ausgelassene Partys – der Löwemond sorgt für **Stimmung**.

Der letzte Ernst der Dinge ist heiter.
René Schickele

Ganzjahresüberblick günstiger Tage

Die günstigsten Friseurtermine des Jahres

Bei der folgenden Aufstellung sind auch die Montage berücksichtigt, weil an diesen ehemals für die Zunft freien Tagen zunehmend gearbeitet wird. Was durchaus nicht zuletzt auf die Erfahrung des positiven Mondeinflusses zurückgeht!

D = Dauerwelle legen lassen, für einen **schöneren und festeren Halt**.

F = Färben bzw. Tönen der Haare, für **mehr Glanz**.

K = Schneiden, für einen **kräftigeren Haarwuchs**.

S = Schneiden, für ein **schnelleres Nachwachsen der Haare**.

Januar		Mai		September	
03.–05.01.	F	02.–04., 20.05.	F	11., 12.09.	K
09., 10.01.	K	25., 26.05.	S	13.–15.09.	D
11., 12.01.	D	27.05.	D	16., 25., 26.09.	F
23., 30., 31.01.	F	30., 31.05.	F		
Februar		**Juni**		**Oktober**	
01.02.	F	21.–23.06.	S	09., 10.10.	K
04.02.	S	24.06.	D	11., 12.10.	D
06.02.	K	26., 27.06.	F	23.10.	F
07., 08.02.	D				
27., 28.02.	F				
März		**Juli**		**November**	
04.03.	S	18.–20.07.	S	04., 06.11.	K
06.–08.03.	D	21., 22.07.	D	07., 08.11.	D
27., 28.03.	F	24., 25.07.	F	20.11.	F
31.03.	S				
April		**August**		**Dezember**	
01.04.	S	15.08. (nicht überall)	K	02.12.	K
03., 04.04.	D	16.08.	K	04.–06.12.	D
05., 24.04.	F	17.–19.08.	D	16.12.	F
27.–29.04.	S	21., 29., 30.08.	F	29., 30.12.	K

Die günstigsten Termine des Jahres

Abnehmen oder Kuren

Beginnen Sie für ein effektiveres Abnehmen Ⓐ mit der Essensreduzierung unmittelbar nach Vollmond oder bereits am Vollmondtag selbst. Da ist Ihr Körper gestärkt, der Verzicht fällt Ihnen leichter, und der Mond fördert den Abbau von Fett, Schlacken und Wasser. Dieser Effekt ist bis einschließlich Neumond zu spüren.

Wenn der Mond zunimmt, wird der Körper bei der Aufnahme von heilenden Wirkstoffen, aber auch bei der positiven Reaktion auf therapeutische Maßnahmen unterstützt. Jede Kur Ⓚ wird nun noch bessere Ergebnisse erzielen. Bei Vollmond ist dann der Höhepunkt der Aufnahmefähigkeit erreicht.

Januar	01.01.–07.01.	Ⓚ	**Juli**	01.07.–03.07.	Ⓚ
	08.01.–21.01.	Ⓐ		04.07.–17.07.	Ⓐ
	22.01.–31.01.	Ⓚ		18.07.–31.07.	Ⓚ
Februar	01.02.–05.02.	Ⓚ	**August**	01.08.	Ⓚ
	06.02.–20.02.	Ⓐ		02.08.–16.08.	Ⓐ
	21.02.–28.02.	Ⓚ		17.08.–31.08.	Ⓚ
März	01.03.–07.03.	Ⓚ	**September**	01.09.–15.09.	Ⓐ
	08.03.–21.03.	Ⓐ		16.09.–29.09.	Ⓚ
	22.03.–31.03.	Ⓐ		30.09.	Ⓐ
April	01.04.–06.04.	Ⓚ	**Oktober**	01.10.–14.10.	Ⓐ
	07.04.–20.04.	Ⓐ		15.10.–28.10.	Ⓚ
	21.04.–30.04.	Ⓚ		29.10.–31.10.	Ⓐ
Mai	01.05.–05.05.	Ⓚ	**November**	01.11.–13.11.	Ⓐ
	06.05.–19.05.	Ⓐ		14.11.–27.11.	Ⓚ
	20.05.–31.05.	Ⓚ		28.11.–30.11.	Ⓐ
Juni	01.06.–04.06.	Ⓚ	**Dezember**	01.12.–13.12.	Ⓐ
	05.06.–18.06.	Ⓐ		14.12.–27.12.	Ⓚ
	19.06.–30.06.	Ⓚ		28.12.–31.12.	Ⓐ

Ganzjahresüberblick günstiger Tage

Die günstigsten Banktermine des Jahres

Natürlich ist zuvor schon alles gut durchdacht und kalkuliert, sind erste Entscheidungen getroffen worden.
Wer aber an diesen Erdtagen bei zunehmendem Mond mit seinem Bankberater nach den stimmigsten Finanzlösungen sucht, wird sich auf das Thema noch intensiver konzentrieren und mit großer Sicherheit passende Angebote finden können.

Januar	**02.01.**
Februar	**24.02.**
März	**06., 24.03.**
April	**03., 04., 21.04.**
Mai	**—**
Juni	**—**
Juli	**21., 31.07.**
August	**17., 18., 28.08.**
September	**—**
Oktober	**20.10.**
November	**16., 17.11.**
Dezember	**14., 15., 22.12.**

Die günstigsten Termine des Jahres zum

Streichen, Malen und Lackieren

Bei Malerarbeiten an den folgenden Tagen des abnehmenden Mondes können Sie von zwei Wirkungen ausgehen:
Der Materialverbrauch wird geringer sein als sonst. Und die Farbe bzw. der Lack lässt sich leicht auftragen, die Übergänge sind sauber, und man kann mit langer Haltbarkeit rechnen.

Januar	11.–15.01.	**August**	02.08.
	18.–20.01.		05.–11.08.
Februar	07.–11.02.	**September**	02.–07.09.
	14.–19.02.		13., 14.09.
März	08.–10.03.		30.09.
	13.–19.03.	**Oktober**	01.–05.10.
April	10.–15.04.		11.–13.10.
	18., 19.04.		29.–31.10.
Mai	07.–12.05.	**November**	01.11.
	15.–18.05.		07.–11.11.
Juni	05.–09.06.		28.11.
	12.–17.06.	**Dezember**	04.–08.12.
Juli	04.–06.07.		12.12.
	09.–15.07.		

Special: Die Mondaspekte

In den Texten des kalendarischen Mittelteils werden oft die sogenannten Mondaspekte thematisiert. Aspekte sind die Winkel, in denen Sonne, Mond und Planeten, von der Erde aus gesehen, zueinander stehen.
Entscheidend dabei ist: Die verschiedenen Winkel haben eine stärkere oder schwächere Wirkung, einen günstigen oder ungünstigen Einfluss.
Die **Opposition** (180 Grad; zwei Gestirne stehen sich genau gegenüber) und das **Quadrat** (90 Grad) sind beispielsweise zwei ungünstige Aspekte, die immer erhebliche Spannungen erzeugen.
In diesem Buch sind ungünstige Aspekte (von denen an einem einzigen Tag auch mehrere gegeben sein können) aber nicht näher aufgeführt, sondern lediglich als problematisch (!) angezeigt. Nur die günstigsten Mondaspekte (Trigon, Sextil und Konjunktion) werden genau benannt.

Konjunktion

Die Konjunktion (0 Grad) gilt als wirksamster Aspekt: Zwei oder mehr Gestirne befinden sich in einer Linie.
Das ist eher günstig bei Mond und Sonne, Merkur, Venus, Jupiter; oft weniger günstig bei Mond und Mars, Saturn, Uranus, Pluto, Neptun.

Trigon

Das Trigon (120 Grad) ist traditionell der günstigste und vielversprechendste Aspekt. Mond und Sonne bzw. Planet wirken in diesem Fall sehr harmonisch zusammen. Man kann auch sagen, dass sie einander unterstützen.
Daraus resultieren dann schließlich viel Entspannung, Gleichgewicht sowie Ruhe und Seelenfrieden.

Sextil

Das Sextil (60 Grad), ein halbes Trigon, wirkt günstig, aber nicht so stark wie das Trigon.
Meist steht ein Zeichen zwischen Mond und Sonne bzw. Planeten, das ergänzend sein kann.

Der Planeteneinfluss

Astrologisch gesehen verkörpern die Planeten unterschiedliche psychische Inhalte wie zum Beispiel Optimismus, Ehrlichkeit oder Machtgier.
Welcher Art und wie intensiv genau sich nun der Einfluss eines Planeten auf den Charakter des Menschen auswirkt, hängt von der jeweiligen Aspektierung des Mondes zum betreffenden Planeten ab.
So betrachtet sind die Planeten im Horoskop quasi die Auslöser, und der Mond wirkt wie die Initialzündung dazu.

Sonne

Die Sonne ist Ausdruck des männlichen Prinzips – im Gegensatz zum Mond, der für das weibliche steht. Sie bedingt die verschiedenen Mondphasen und das persönliche Tierkreiszeichen eines Menschen. Die Sonne entspricht dem Ich, dem freien und glücksbetonten Lebensgefühl. Sie steht für die Vitalität, das Selbstvertrauen und alles Sonnenhafte, das in jedem Menschen zu finden ist.

Merkur

Merkur steht für das Denken und Handeln, die Flexibilität, Geschicklichkeit und Kommunikationsfähigkeit des Menschen. Merkur bestimmt aber auch, welchen Wissensdrang, welche Aufgeschlossenheit und Lernbereitschaft man entwickelt.

Venus

Venus verkörpert das weibliche Prinzip, symbolisiert den Wunsch nach Harmonie, Geselligkeit und Liebe. Ihr unterstehen ebenso der Sinn für alles Schöne, die Freude am Genuss und die Hingabe in der Liebe.

Mars

Mars gehört dem männlichen Prinzip an, verleiht einen starken Durchsetzungswillen sowie Mut, Energie, Angriffslust und die nötige körperliche Belastbarkeit.

Special: Mond und Planetenaspekte

Jupiter

Jupiter bewirkt Optimismus und Idealismus. Er wird daher auch als großes Glück bezeichnet. So ist Jupiter der Glücksstern, welcher auf Sinn und Chancen im Leben verweist. Zudem steht er für Wachstum, Reichtum, Gerechtigkeit.

Saturn

Saturn befähigt, das Leben zu ordnen und zu meistern: Die dafür nötigen Eigenschaften wie Realitäts- und Verantwortungsbewusstsein, Genauigkeit und Ausdauer werden ihm zugeschrieben. Er symbolisiert Disziplin und Klarheit, aber auch Begrenzung und Einsamkeit. Außerdem regt er die Menschen zur Selbstreflexion an.

Uranus

Uranus unterstützt die Intuition und Aufgeschlossenheit des Menschen. Er steht für Weisheit, Inspiration, Originalität sowie Exzentrizität. Er bringt aber auch Umschwung, plötzliche Veränderungen, Revolutionen und Unfälle. Der Planet vermittelt außerdem einen starken Drang nach Freiheit sowie das ständige Streben nach Erneuerung und Fortschritt.

Neptun

Der Planet Neptun entfesselt häufig unbewusste Seelenkräfte. Er macht empfänglich für unterschiedlichste Geheimnisse, Spirituelles, Träume, Menschheitsideale, aber leider auch für Täuschung und Selbsttäuschung. Er regt die Phantasie an (künstlerische Inspiration ist meist auf ihn zurückzuführen!) und verleiht mediale Fähigkeiten, macht allerdings oft weltfremd und unfähig, die Realität zu meistern.

Pluto

Das Plutoprinzip steht für das kollektive Unbewusste, jegliche Art von Massenentwicklung, Macht, totale Veränderung und Diktatur sowie für Chirurgie, Giftstoffe und Atomkraft. Pluto lenkt die Prozesse, die mit Vergehen und Werden zu tun haben, wirkt also zerstörerisch oder spendet Leben.

Special: Der Geburtsmond

Was das Mondhoroskop verrät

Im Geburtshoroskop eines jeden Menschen, das viel Interessantes über dessen künftiges Leben vermittelt, gibt es mehrere Gesichtspunkte, durch deren genauere Betrachtung der Astrologe seine Aussagen gewinnen kann.

Da ist zuerst das Sonnenzeichen, also das Tierkreiszeichen, in dem sich die Sonne zum Zeitpunkt der Geburt aufhält. Es beschreibt die Gesamtpersönlichkeit, so wie sie der Betreffende selbst sieht.

Dann ist der Aszendent von Bedeutung – das Zeichen des Tierkreises, das im Augenblick der Geburt gerade am östlichen Horizont aufgeht. Er vermittelt das Bild, das andere von diesem Menschen haben.

Auch die Konstellation der Planeten zu diesem Zeitpunkt muss berücksichtigt werden. Sie gibt Auskunft über Wünsche, Ziele und innere Beweggründe.

Und schließlich macht noch der Geburtsmond einige wesentliche Aussagen.

Die Bedeutung des Geburtsmondes

Der Geburtsmond – das Tierkreiszeichen, in dem der Mond zur Geburtsstunde eines Menschen steht – beschreibt den inneren Kern der Persönlichkeit. Er zeigt, wie dieser Mensch fühlt, seine Empfindungen äußert und aus diesem inneren Antrieb heraus handelt. Der Mondstand lässt überdies erkennen, wie der Betreffende auf andere Menschen reagiert.

Im Folgenden werden kurz die verschiedenen »Mondtypen« beschrieben. Dabei wird auf grundlegende Charakterzüge, zu erwartende Fähigkeiten und die Einstellung zu anderen Menschen eingegangen. Alle dabei genannten Gegebenheiten sind aber nur Tendenzen, Möglichkeiten, aus denen jeder das Beste machen kann und sollte!

Wie man seinen Geburtsmond findet

Im Internet gibt es verschiedene Foren, wo man sich kostenlos und schnell den Geburtsmond berechnen lassen kann – z.B. www.mondkraft.com.

Special: Der Geburtsmond

Wenn der Geburtsmond im Widder stand

\+ *Ideenreich, energisch, spontan*
– *Ungeduldig, unbeherrscht, rücksichtslos*

Spontaneität, impulsives Handeln und starke Energien sind die Grundcharakteristika der Menschen, deren Geburtsmond im Widder stand.
Widdermond-Geborene haben stets den Anspruch, anderen voranzugehen, sie zu führen. Ihnen kommt es darauf an, eigene Ideen und Meinungen durchzusetzen, frei und unabhängig zu sein – zuweilen auch ohne besondere Rücksichtnahme gegenüber den Mitmenschen.
Widdermond-Geborene sind immer auf der Suche nach neuen Erfahrungen. Sie brauchen das Gefühl, genügend Spielraum und Bewegungsfreiheit zu haben, um ihre Spontaneität und Dynamik sowie ihren Idealismus uneingeschränkt ausleben zu können. Selbst im alltäglichen Leben muss ihre lebhafte Phantasie ihren Ausdruck finden können. Die alltägliche Routine lehnen sie ab.
So positiv die Spontaneität des Widdermond-Geborenen ist, so negativ kann seine schnelle Erregbarkeit sein, die oft dazu neigt, Konflikte auf aggressive Weise anzugehen, ohne Kompromisse zuzulassen.
Der unter dem Widdermond Geborene strebt nach Anerkennung, will gefallen, will geliebt werden. Meist gelingt das, doch wenn er mit seinem Umfeld nicht klarkommt, wird er leicht gereizt und neigt zu emotionalen Ausbrüchen, die auch in eine Krise münden können. Dann stellt er seine Fähigkeiten infrage, fürchtet sich vor den eigenen Ideen, wird unkonzentriert und lustlos. Depressionen können entstehen, wenn die persönliche Freiheit der Widdermond-Geborenen eingeschränkt wird oder wenn sie ihre Vorstellungen nicht verwirklichen können. Um ein glückliches Leben in der Gemeinschaft zu führen, sollten sie lernen, auf andere Menschen einzugehen, Geduld und Rücksichtnahme zu üben, Kompromisse zu finden. Gleichzeitig sollten sie daran arbeiten, ihre Emotionen besser unter Kontrolle halten zu können.

Wenn der Geburtsmond im Stier stand

+ *Beständig, gesellig, zärtlich*
– *Unbeweglich, besitzorientiert, genusssüchtig*

Zufriedenheit, Herzlichkeit und zärtliche Sinnlichkeit sind die herausragenden Charaktereigenschaften der Menschen, deren Geburtsmond im Stier stand.
Stiermond-Geborene sind Genussmenschen, die sich im Kreis der Familie oder in einer Gruppe Gleichgesinnter geborgen und glücklich fühlen. Sie haben eine geradezu unstillbare Sehnsucht nach menschlicher Nähe, liebevoller Zuwendung und körperlichem Kontakt. Sie tun alles, um diese Nähe zu fördern und zu erhalten.
Spontaneität ist nicht die Sache des Stiermond-Geborenen. Eher bedächtig, langsam kommt er in Gang, entwickelt dann aber eine erstaunliche Kraft, um das zu erreichen, was er sich vorgenommen hat. Dabei ist sein Streben oft auf den Erwerb und auf die Bewahrung materieller Güter gerichtet – von ihnen erwartet er Sicherheit und Stabilität. Dadurch kann aber eine gewisse Abhängigkeit entstehen, woraus sich Tendenzen zu Habgier und Geiz entwickeln.
Das Bewahren- und Festhaltenwollen, das für Menschen, die unter dem Stiermond geboren wurden, so charakteristisch ist, macht einerseits ihre Stärke aus, die sie zu stabilen, verlässlichen und treuen Mitmenschen werden lässt. Andererseits kann ihre Unbeweglichkeit, das manchmal sture Festhalten an Gewohntem, das Stemmen gegen jegliche Veränderung auch zu einer Belastung für ihr Umfeld werden. Fühlen sie sich dann von den anderen unverstanden, ziehen sie sich gekränkt in ihr »Revier« zurück.
Um in Harmonie mit ihrer Umwelt zu leben, sollten Stiermond-Geborene unbedingt lernen, auch einmal loszulassen. Wenn es ihnen gelingt, scheinbar unveränderbare Gewohnheiten, Besitzstände und Beziehungen auch einmal prüfend zu hinterfragen, dann wird es ihnen leichter fallen, den Blick auf neue Möglichkeiten, Bedürfnisse und Fähigkeiten zu richten. Und dies wird schließlich sowohl ihrem Selbstwertgefühl guttun als auch die Beziehungen zu anderen Menschen bereichern.

Special: Der Geburtsmond

Wenn der Geburtsmond in den Zwillingen stand

+ *Einfühlsam, humorvoll, wissensdurstig*
– *Wankelmütig, oberflächlich, überheblich*

Humor, Unbekümmertheit und auch eine gewisse Unverbindlichkeit gehören zu den typischen Charaktereigenschaften der Menschen, deren Geburtsmond in den Zwillingen stand.
Ihre Fähigkeit, sich leicht zwischen Gefühl und Verstand zu bewegen, macht sie als Gesprächspartner und Kollegen sehr angenehm. Hervorzuheben ist auch ihre Einfühlsamkeit, die anderen Empathie und Verständnis signalisiert. Im geselligen Austausch können Zwillingemond-Geborene ihrem lebhaften Mitteilungsbedürfnis am besten nachgehen.
Einfühlsamkeit bedeutet jedoch nicht unbedingt Gefühlstiefe. Da ist es beim Zwillingemond-Geborenen eher so, dass er nur das als Gefühl zulässt, was er erkennen, analysieren und verstehen kann. Entsteht einmal ein Widerspruch zwischen dem, was er denkt, und dem, was er fühlt, wird er langsam unsicher; und das führt dazu, dass er im Zweifelsfall schließlich doch dem Verstand folgen wird.
Wissensdurst und Kommunikationsbedürfnis sind beim Zwillingemond-Geborenen auf geradezu ideale Weise verbunden. Wo immer Abwechslung angesagt ist, Bewegung, Geselligkeit und Aktion – er will dabei sein. Hat er keine Möglichkeit, zu reisen, Beziehungen zu knüpfen, Geschichten zu erzählen, Neues zu erforschen und davon zu berichten, verkümmert seine Lebensenergie. Um diesen Zustand zu verbergen, rettet er sich oft in intellektuelle Überheblichkeit, wird auch mal zynisch und nicht selten verletzend.
Aber nicht nur deshalb ist es für jemanden, der unter dem Zwillingemond geboren wurde, besonders wichtig, nicht nur zwischen Verstand und Gefühl hin und her zu pendeln, sondern beide Bereiche als Einheit zu akzeptieren und sich dazu zu bekennen. Dieses Zu-sich-selbst-Finden wird erleichtert, wenn es dem Zwillingemond-Geborenen hin und wieder gelingt, bewusst Pausen der Ruhe und der Besinnung einzulegen sowie Verbindlichkeiten einzugehen und auch einzuhalten.

Wenn der Geburtsmond im Krebs stand

+ *Gefühlvoll, hilfsbereit, kreativ*
– *Besitzergreifend, launisch, unselbstständig*

Fürsorglich, voller Sanftmut und mit großer Gefühlstiefe begegnen uns in der Regel die Menschen, bei deren Geburt der Mond im Krebs stand.

In ihrer Sicht der Welt wie in ihren Beziehungen zu anderen Menschen lassen sich die unter dem Krebsmond Geborenen zuallererst von ihren Emotionen lenken. Sie haben geradezu eine »Antenne« für die Probleme und Bedürfnisse anderer, und sie sind jederzeit bereit, ihre ganze Fürsorge in die Waagschale zu legen, um ihren Mitmenschen Hilfe, Schutz und Sicherheit zu geben. Ein solches Verhalten erscheint selbstlos, ist es aber nicht unbedingt. Krebsmond-Geborene verstehen es auf diese Weise, andere Menschen für sich zu gewinnen, zuweilen auch, um von ihnen Besitz zu ergreifen, sie von sich regelrecht abhängig zu machen.

Nicht selten verfügen Krebsmond-Geborene über eine ausgeprägte Begabung für kreative Tätigkeiten, vor allem im künstlerischen Bereich. Ihre lebhafte Phantasie befähigt sie dazu, ungewöhnlichen Ideen Gestalt zu verleihen. Allerdings sind ihre Ansichten oft sehr eigenwillig, und sie wirken bisweilen sehr launenhaft.

Weil der Krebsmond-Geborene seine Lebensziele stets nur in Verbindung mit anderen Menschen sucht, gerät er immer wieder in Konflikte, wenn seine Liebe und Fürsorge ignoriert oder sogar abgelehnt wird. Dann gewinnen Verlustängste und Selbstzweifel an Bedeutung, die nicht selten dazu führen, dass sich der auf diese Weise Verschmähte in eine Scheinwelt flüchtet, in der er sich als verlassenes Kind erlebt.

Zweifellos besitzt der Krebsmond-Geborene die Fähigkeit, anderen Menschen von einer selbstbewussteren Position aus zu begegnen und seine Gefühle so auszudrücken, dass sie von anderen ohne den Eindruck, verpflichtet zu sein, erkannt und angenommen werden. Daher sollte er es lernen, mehr auf sich selbst zu vertrauen und Anerkennung nicht nur von anderen zu erwarten.

Special: Der Geburtsmond

Wenn der Geburtsmond im Löwen stand

\+ *Großzügig, optimistisch, beständig*
– *Überheblich, eitel, unbeherrscht*

Großmut, Lebensfreude und selten versiegender Optimismus sind die grundlegenden Charaktereigenschaften der unter dem Löwemond geborenen Menschen.
Es ist das offene Wesen, ihre herzliche Art und die Großzügigkeit, die Löwemond-Geborene in der Gemeinschaft so beliebt und gewinnend machen. Mit ihrer Fröhlichkeit und ihrem intelligenten Humor prägen sie die Atmosphäre und werden leicht zum Mittelpunkt einer Gruppe. Diese Rolle scheint den Löwemond-Geborenen auch angemessen, und sie sind bereit, darum zu kämpfen; so lassen sie nichts unversucht, um ihre Bedeutung herauszustreichen, ihre Unentbehrlichkeit unter Beweis zu stellen.
Man könnte denken, dass dahinter zuweilen ein übertriebenes Selbstwertgefühl steckt, das sich in den Vordergrund drängt. Bleiben ihnen aber Aufmerksamkeit, Anerkennung und Bewunderung versagt, leiden sie außerordentlich darunter. Das Gefühl, nicht geliebt zu werden, ist für sie fast unerträglich, und sie werden alles daran setzen, wieder die ihnen angemessen erscheinende Rolle spielen zu können.
Haben sie ihren Platz gefunden, sind Löwemond-Geborene von großer Beständigkeit. Abwechslung und ständige Veränderung bedeuten ihnen nicht viel, lieber halten sie an Gewohntem fest und genießen in Ruhe, was ihnen das Leben zu bieten hat. Aus der Ruhe bringt sie Kritik, auf die sie empfindlich und bisweilen auch aggressiv reagieren, selbst wenn sie konstruktiv ist. Zur Selbstkritik sind sie kaum in der Lage; fühlen sie sich unverstanden, suchen sie die Schuld vorzugsweise bei anderen und ziehen sich schmollend zurück. Um ihre so wertvollen und zugleich so widersprüchlichen Persönlichkeitseigenschaften positiv umsetzen zu können, sollten Löwemond-Geborene lernen, sich selbst nicht zu wichtig zu nehmen, und immer wieder versuchen, sich in die Gefühlswelt anderer Menschen hineinzuversetzen.

Wenn der Geburtsmond in der Jungfrau stand

\+ *Verständnisvoll, hilfsbereit, ordentlich*
– *Unbeweglich, ängstlich, verletzlich*

Sehr vernunftbetont, mit beherrschten Gefühlen, aber voller Verständnis und Fürsorge – so begegnen uns Menschen, die unter dem Einfluss des Jungfraumondes geboren sind.
Mit ihrer ruhigen, zurückhaltenden Wesensart bringen sie anderen Menschen viel Verständnis entgegen, sind fürsorglich und hilfsbereit. Dabei bleiben sie realistisch, immer auf dem sicheren Boden der Tatsachen und scheuen sich, ihre tiefen Empfindungen zu offenbaren. Große Gefühle, zu denen sie durchaus fähig sind, halten sie möglichst unter Kontrolle, um stets die Übersicht zu behalten und die Dinge einschätzen und ordnen zu können.
Nützlich zu sein ist den Jungfraumond-Geborenen ein Grundbedürfnis. Dabei konzentrieren sie sich auf das Praktische, das Machbare, das Überschaubare. Finden sie unter diesen Bedingungen eine Aufgabe, sind sie unermüdlich und lassen nicht locker, bis alles in Ordnung gebracht ist. Ihr Pflichtgefühl wird nur noch von ihrer Zuverlässigkeit übertroffen. Weniger erfolgreich sind sie, wenn es darum geht, sichere Positionen zu verlassen und mutig Neues zu wagen. In solchen Situationen hindert sie dann letztlich ihr Hang zum Perfektionismus und der Mangel an Spontaneität daran, sich auch einmal auf ein Risiko einzulassen.
So sehr ihre Fähigkeit geschätzt wird, den Dingen auf den Grund zu gehen und die Lage sachlich einzuschätzen, so wenig wird ihr zuweilen auftretender Hang zur Kleinlichkeit, zur Nörgelei und zum Pessimismus Begeisterung hervorrufen. Um sich mit ihren Stärken in ein sinnerfülltes Leben einzubringen, sollten Jungfraumond-Geborene versuchen, von Zeit zu Zeit aus den einengenden Strukturen ihres geordneten Daseins auszubrechen und dem Unerwarteten, der Veränderung Raum zu geben. Wenn sie es zulassen, den »wind of change« zu spüren, können sie neue Ufer erreichen und werden spüren, dass das Glück etwas ist, das man nur findet, wenn man auch danach sucht.

Special: Der Geburtsmond

Wenn der Geburtsmond in der Waage stand

\+ *Nach Harmonie suchend, kontaktfreudig, schöngeistig*
– *Empfindlich, weltfremd, konfliktscheu*

Der Wunsch nach Frieden und Harmonie in der Gemeinschaft mit anderen prägt die Grundcharaktereigenschaften der Menschen, deren Geburtsmond in der Waage stand.
Stets auf Ausgleich bedacht, bringen sich Waagemond-Geborene mit viel Charme in ihre Umwelt ein, immer bemüht, das Zusammengehörigkeitsgefühl zu stärken und Gegensätze zwischen den Mitmenschen abzubauen. Gelingt das, sind sie zufrieden, stoßen sie auf Widerstände, kann es geschehen, dass sie überkritisch oder sogar aggressiv reagieren und das Wirgefühl geradezu herbeizwingen wollen.
Hervorzuheben ist die Fähigkeit der Waagemond-Geborenen, die Dinge von verschiedenen Seiten zu betrachten, das Für und Wider sorgfältig abzuwägen und dann nach perfekten Lösungen zu suchen. Da dies nicht immer auf Anhieb gelingen kann, wird ihnen zuweilen eine gewisse Unentschlossenheit nachgesagt, was aber meist nicht den Kern ihres Wesens trifft. Es handelt sich eher um den Wunsch, immer den goldenen Mittelweg zu finden. Wichtig ist es für Waagemond-Geborene, dass sie das Gefühl vermittelt bekommen, geschätzt und anerkannt, ja bewundert zu werden. Dann scheuen sie keine Mühe, die ihnen entgegengebrachte Wertschätzung auch zu rechtfertigen.
In ihrem Bestreben nach Ausgleich und Harmonie stellen Waagemond-Geborene oft ihre eigenen Wünsche und Gefühle zurück, weichen notwendigen Konflikten aus und wollen die Realität manchmal nicht wahrhaben. Was und wie andere denken und fühlen, ist ihnen wichtiger, als ihre eigene Befindlichkeit auszuleben.
Um sich ständig wiederkehrende Enttäuschungen zu ersparen und der Suche nach dem Positiven einen realen Sinn zu geben, sollten sie bemüht sein, der ungeschönten Wirklichkeit zu begegnen und sich zwischenmenschlichen Konflikten zu stellen sowie gelegentlich auch gegen die Interessen anderer durchzusetzen.

Wenn der Geburtsmond im Skorpion stand

+ *Gefühlvoll, leidenschaftlich, beständig*
– *Verschlossen, ängstlich, starrsinnig*

Sehr tiefe, intensive und leidenschaftliche Gefühle kennzeichnen die Charaktereigenschaften eines Menschen, der unter dem Skorpionmond das Licht der Welt erblickte.
Weil sie selbst von Gefühlen beherrscht sind, haben Skorpionmond-Geborene die Gabe, hinter die Fassade ihrer Mitmenschen zu blicken und bis auf den Grund der Seele anderer Menschen schauen zu können – und zuweilen natürlich auch in deren Abgründe.
Diese Stärke kann auch eine Schwäche sein. Einerseits gibt ihnen diese Fähigkeit die Möglichkeit, den anderen in seinen Gefühlen zu bestärken oder ihn zu heilen, wenn dessen Gefühle verletzt wurden. Andererseits besteht durchaus die Gefahr, dass Skorpionmond-Geborene ihre intime Kenntnis dazu benutzen, die Gefühle der Mitmenschen zu manipulieren oder gar zu missbrauchen.
Der Skorpionmond-Geborene fühlt sich immer dann in seinem Element, wenn er sich mit seiner Tätigkeit, mit seinen Kollegen und auch mit seinen Vorgesetzten auf emotionaler Ebene auseinandersetzen kann. Rein sachliche, bloß geschäftsmäßige Beziehungen sind ihm eher fremd – und doch flüchtet er sich zuweilen in solche ungeliebten Beziehungen. Das geschieht immer dann, wenn er befürchten muss, seine eigenen Gefühle zu zeigen. Im Wissen um die Macht der Emotionen hat er Angst, sich auszuliefern, verwundet zu werden, die Distanz zu verlieren.
Damit der Skorpionmond-Geborene mit seiner intensiven Gefühlswelt letztlich in der Wirklichkeit gut bestehen kann, ist es notwendig, dass er lernt, Vertrauen zu stiften und selbst Vertrauen zu entwickeln, sich gleichsam auch einmal ganz auszuliefern und hinzugeben. Dann wird er beglückt erleben, dass Vertrauen Stärke bedeutet und nicht Hilflosigkeit.
Außerdem sollte er akzeptieren, dass auch negative Gefühle wie Neid und Hass zu ihm gehören, dass man allerdings lernen kann und muss, damit rational umzugehen.

Special: Der Geburtsmond

Wenn der Geburtsmond im Schützen stand

\+ *Aufgeschlossen, großzügig, tolerant*
– *Überheblich, ungeduldig, wirklichkeitsfremd*

Großer Enthusiasmus, überschwängliche Gefühle und Aufgeschlossenheit für alles Neue sind grundlegende Charaktermerkmale aller, deren Geburtsmond im Schützen stand.
Sie erscheinen als glückliche Menschen, die andere leicht gewinnen und für ihre Ziele begeistern können. Dazu trägt auch bei, dass sie tief im Innern von sich überzeugt sind und sehr selten an dieser Überzeugung Zweifel aufkommen lassen. Schützemond-Geborene lieben das Abenteuer, sie sind immer auf der Suche nach Neuem und Unbekanntem.
So sehr Schützemond-Geborene andere Menschen überzeugen und beeinflussen wollen, so vorsichtig sind sie doch, wenn es darum geht, sich festzulegen oder gar zu binden. Ihre Freiheit und Unabhängigkeit lassen sie sich nicht nehmen. Was Pläne und Projekte angeht, so sind bei deren Ausarbeitung Schützemond-Geborene kaum zu übertreffen. Wenn es aber an die Verwirklichung, um Problemlösungen, um konkrete Termine und Verpflichtungen geht, dann fällt es ihnen schon viel schwerer, Farbe zu bekennen.
Manchmal steckt unter der fröhlich-optimistischen Fassade des Schützemond-Geborenen allerdings ein Mensch, dessen Selbstwertgefühl nicht immer so groß ist, wie es nach außen hin scheint. Dann kommt es vor, dass er diese Unsicherheit überspielt, indem er seinem Gegenüber mit schwer zu ertragender Überheblichkeit entgegentritt. Es fällt anderen oft nicht leicht, dies richtig zu deuten, weil es kaum gelingt, die wirkliche Befindlichkeit eines Schützemond-Geborenen zu entdecken. So bleibt manchmal der Eindruck eines eher oberflächlichen Menschen. Gefühle, auch negative, bei sich und anderen zuzulassen kann da eine wichtige Aufgabe für einen Schützemond-Geborenen sein, der an der Stabilisierung seiner Persönlichkeit arbeiten will. Dazu gehört auch das Bemühen, einmal Angefangenes zu beenden und selbstkritisch zu bewerten.

Wenn der Geburtsmond im Steinbock stand

+ *Ordentlich, ernsthaft, realistisch*
– *Verschlossen, misstrauisch, ängstlich*

Beständigkeit und große Ernsthaftigkeit sind die herausragenden Charaktereigenschaften der Menschen, deren Geburtsmond unter dem Einfluss des Steinbocks stand.
Sie wissen, was sie wollen, und sie gehen Schritt für Schritt vor, um es am Ende auch zu erreichen. Vernunft und Zielstrebigkeit, dazu Disziplin und Verantwortungsgefühl – das schätzt man an ihnen, und das setzen sie auch ein, um andere Menschen zu beeindrucken. Es kann aber durchaus sein, dass dabei Romantik und Lebensfreude etwas zu kurz kommen, doch die Steinbockmond-Geborenen schätzen nun einmal das Reale über alles. Ihre tiefen Gefühle schützen sie meistens mit einem Panzer aus kühler Zurückhaltung, denn sie wissen sehr wohl, wie verletzlich ihre im Grunde sanfte und liebevolle Seele ist. Nur wer sich ihr Vertrauen – nach oftmals sehr, sehr langer Zeit – endgültig erworben hat, dem offenbaren sie auch ihre geheimen Wünsche und Sehnsüchte.
Innere Sicherheit findet der Steinbockmond-Geborene in geordneten Verhältnissen: Regeln, Rituale, feste Strukturen engen ihn nicht ein, sie geben ihm Halt. Nichts ist schlimmer für ihn als das Gefühl, nicht gebraucht zu werden. Hat er aber Verantwortung übernommen bzw. wurde sie ihm übertragen, dann geht er mit aller Konsequenz vor. Das bedeutet auch, dass er Macht, die er über andere Menschen hat, auch ausübt und manchmal auch ausnützt. Hat er erst einmal die Führung übernommen, fällt es ihm schon sehr schwer, sie wieder abzugeben.
Für einen Steinbockmond-Geborenen kann es hilfreich sein, den schönen Dingen des Lebens – der Kunst, dem Sport, der Spiritualität – mehr Aufmerksamkeit zu widmen. Das wäre nämlich ein sehr guter Weg, seine Emotionen leichter auszuleben und dadurch zu lernen, dass man sich seiner Gefühle nicht zu schämen braucht. Zudem kann er somit leichter erfahren, dass man auf diese Weise einen Weg zu anderen Menschen findet.

Wenn der Geburtsmond im Wassermann stand

+ *Stolz, tolerant, verständnisvoll*
– *Unnahbar, launisch, überempfindlich*

Es ist schwer, Gefühlswelt und Charakter der Wassermannmond-Geborenen auf einen Nenner zu bringen. Stolz, zuweilen unnahbar, verbergen sie ihre Gefühle und erwecken oft den Eindruck, an nichts und niemandem Anteil zu nehmen. Doch dieser Eindruck trügt meist – oft verbirgt sich hinter der kühlen Maske ein verständnisvoller Mensch, der Verantwortung für sein Umfeld trägt.

Lebhafte Emotionen, gar Gefühlsausbrüche wird man bei Menschen, deren Geburtsmond im Wassermann stand, nur ganz selten erleben. Sie wirken nicht nur distanziert, nein, sie bleiben auch tatsächlich immer ein wenig auf Distanz, trennen konsequent Berufliches und Privates, meiden allzu große Nähe, auch bei Menschen, die ihnen vertraut sind.

In diesem Zusammenhang verwundert es auch nicht, dass Wassermannmond-Geborene nicht das Zentrum der Gruppe oder der Gesellschaft suchen, sondern stets einen Rückzugsraum im Auge haben, um sich von allzu viel Nähe zu erholen. Dass sie lieber ihren eigenen Weg gehen, als sich dem Mainstream anzuschließen, ist gewiss kein Fehler.

Originelle Ideen und eigenwillige Ansichten sind ihnen eher zu eigen als allgemeine und konventionelle Auffassungen. Wird diese Individualität von anderen anerkannt, geht es Wassermannmond-Geborenen gut, und sie werden sich umso stärker engagieren. Mit Kritik an ihren Ansichten und auch an ihrer Art, sich zu geben, können sie allerdings nur schwer umgehen. Wird diese Kritik zu massiv, dann kann es geschehen, dass sie sich wieder zurückziehen. Der Individualist wird dann zum Einzelgänger, seine Einmaligkeit kann in die Einsamkeit münden. Damit Wassermannmond-Geborene ihre Lebensziele erfolgreich verwirklichen können, sollten sie lernen, eine ausgewogene Balance zwischen Distanz und Nähe zu finden. Das wird ihnen umso besser gelingen, wenn sie ihren Wünschen nach liebevoller Zuwendung und Intimität nachgeben.

Wenn der Geburtsmond in den Fischen stand

\+ *Intuitiv, verständnisvoll, geduldig*
– *Angepasst, leicht zu beeinflussen, weltfremd*

Selbstlosigkeit, grenzenlose Hingabe und eine ausgeprägte Neigung zum Übersinnlichen prägen die Gefühlswelt der Menschen, deren Geburtsmond von dem Tierkreiszeichen Fische beeinflusst wurde.
Das Bedürfnis, für andere da zu sein, sie zu umsorgen, sie zu schützen, gehört für den Fischemond-Geborenen zu den wichtigsten Lebensmotiven. Das ist für ihn und den Umsorgten beglückend, birgt aber für den Fischemond-Geborenen die Gefahr, dass er sich einerseits bis zur Selbstaufgabe anpasst und andererseits den Einflüssen dessen, den er umsorgt, erliegt. Damit kann aber aktive Anteilnahme zum passiven Dulden werden, Selbstlosigkeit zur Selbstverleugnung führen.
Was sie geben, möchten sie auch empfangen – Fischemond-Geborene sehnen sich nach menschlicher Nähe, zärtlicher Liebe und sicherer Geborgenheit. Finden sie diese, erblühen sie mit der ganzen Fülle ihrer romantischen und uneigennützigen Gefühle. So verhalten sie sich auch in einer Partnerschaft voller Hingabe und haben oft die Sehnsucht, in dem geliebten Menschen aufzugehen, mit ihm zu verschmelzen. Für dieses Ziel opfern sie sich auf.
Müssen sie diese Gefühle aber unterdrücken, weil sie von Kälte und rationaler Geschäftigkeit umgeben sind, ziehen sie sich aus dieser Realität zurück – manchmal in eine eigene, kreative Welt, manchmal auch in Depressionen, die sich dann leider zur Krankheit auswachsen können.
Damit sie ihre wertvollen Fähigkeiten in erfüllender Weise einsetzen können, ist es für Fischemond-Geborene wichtig, sich immer wieder einmal auf sich selbst zu besinnen, ihre eigenen Wünsche und Bedürfnisse zu erspüren und zu befriedigen. Das verleiht nämlich die notwendige physische und emotionale Stärke, die sie brauchen, um anderen wirklich zu helfen. Gefragt sind auch Realitätssinn sowie die Anerkennung von eigenen Schwächen und Fehlern.

Die Monatsübersichten 2024

Januar

1	Mo	Neujahr	1. Woche
2	Di		
3	Mi		
4	Do		
5	Fr		
6	Sa	Heilige Drei Könige	
7	So		
8	Mo		2. Woche
9	Di		
10	Mi		
11	Do		
12	Fr		
13	Sa		
14	So		
15	Mo		3. Woche
16	Di		
17	Mi		
18	Do		
19	Fr		
20	Sa		
21	So		
22	Mo		4. Woche
23	Di		
24	Mi		
25	Do		
26	Fr		
27	Sa		
28	So		
29	Mo		5. Woche
30	Di		
31	Mi		

Februar

1	Do		
2	Fr	Mariä Lichtmess	
3	Sa		
4	So		
5	Mo		6. Woche
6	Di		
7	Mi		
8	Do		
9	Fr		
10	Sa		
11	So		
12	Mo	Rosenmontag	7. Woche
13	Di	Fastnacht	
14	Mi	Valentinstag Aschermittwoch	
15	Do		
16	Fr		
17	Sa		
18	So		
19	Mo		8. Woche
20	Di		
21	Mi		
22	Do		
23	Fr		
24	Sa		
25	So		
26	Mo		9. Woche
27	Di		
28	Mi		
29	Do		

März

1	Fr		
2	Sa		
3	So		
4	Mo		10. Woche
5	Di		
6	Mi		
7	Do		
8	Fr	Internationaler Frauentag	
9	Sa		
10	So		
11	Mo		11. Woche
12	Di		
13	Mi		
14	Do		
15	Fr		
16	Sa		
17	So		
18	Mo		12. Woche
19	Di	Josefitag	
20	Mi	Frühlingsanfang	
21	Do		
22	Fr		
23	Sa		
24	So	Palmsonntag	
25	Mo		13. Woche
26	Di		
27	Mi		
28	Do	Gründonnerstag	
29	Fr	Karfreitag	
30	Sa		
31	So	Ostersonntag Sommerzeitbeginn	

April

1	Mo	Ostermontag	14. Woche
2	Di		
3	Mi		
4	Do		
5	Fr		
6	Sa		
7	So		
8	Mo		15. Woche
9	Di		
10	Mi		
11	Do		
12	Fr		
13	Sa		
14	So		
15	Mo		16. Woche
16	Di		
17	Mi		
18	Do		
19	Fr		
20	Sa		
21	So		
22	Mo		17. Woche
23	Di	Welttag des Buches	
24	Mi		
25	Do		
26	Fr		
27	Sa		
28	So		
29	Mo		18. Woche
30	Di	Walpurgisnacht	

Die Monatsübersichten 2024

Mai

1	Mi	Maifeiertag	
2	Do		
3	Fr		
4	Sa		
5	So		
6	Mo		19. Woche
7	Di		
8	Mi		
9	Do	Christi Himmelfahrt Europatag	
10	Fr		
11	Sa	Beginn der Eisheiligen	
12	So	Muttertag	
13	Mo		20. Woche
14	Di		
15	Mi	Ende der Eisheiligen	
16	Do		
17	Fr		
18	Sa		
19	So	Pfingstsonntag	
20	Mo	Pfingstmontag	21. Woche
21	Di		
22	Mi		
23	Do		
24	Fr		
25	Sa		
26	So		
27	Mo		22. Woche
28	Di		
29	Mi		
30	Do	Fronleichnam	
31	Fr		

Juni

1	Sa		
2	So		
3	Mo		23. Woche
4	Di		
5	Mi	Tag der Umwelt	
6	Do		
7	Fr		
8	Sa		
9	So		
10	Mo		24. Woche
11	Di		
12	Mi		
13	Do		
14	Fr		
15	Sa		
16	So		
17	Mo		25. Woche
18	Di		
19	Mi		
20	Do	Sommeranfang	
21	Fr		
22	Sa		
23	So		
24	Mo	Johannistag	26. Woche
25	Di		
26	Mi		
27	Do	Siebenschläfer	
28	Fr		
29	Sa		
30	So		

Juli

1	Mo	27. Woche
2	Di	
3	Mi	
4	Do	
5	Fr	
6	Sa	
7	So	
8	Mo	28. Woche
9	Di	
10	Mi	
11	Do	
12	Fr	
13	Sa	
14	So	
15	Mo	29. Woche
16	Di	
17	Mi	
18	Do	
19	Fr	
20	Sa	
21	So	
22	Mo	30. Woche
23	Di	
24	Mi	
25	Do	
26	Fr	
27	Sa	
28	So	
29	Mo	31. Woche
30	Di	
31	Mi	

August

1	Do	Nationalfeiertag der Schweiz
2	Fr	
3	Sa	
4	So	
5	Mo	32. Woche
6	Di	
7	Mi	
8	Do	
9	Fr	
10	Sa	
11	So	
12	Mo	33. Woche
13	Di	
14	Mi	
15	Do	Mariä Himmelfahrt
16	Fr	
17	Sa	
18	So	
19	Mo	34. Woche
20	Di	
21	Mi	
22	Do	
23	Fr	
24	Sa	
25	So	
26	Mo	35. Woche
27	Di	
28	Mi	
29	Do	
30	Fr	
31	Sa	

Die Monatsübersichten 2024

September

1 So		
2 Mo	36. Woche	
3 Di		
4 Mi		
5 Do		
6 Fr		
7 Sa		
8 So		
9 Mo	37. Woche	
10 Di		
11 Mi		
12 Do		
13 Fr		
14 Sa		
15 So	Eidgenössischer Bettag	
16 Mo	38. Woche	
17 Di		
18 Mi		
19 Do		
20 Fr	Weltkindertag	
21 Sa		
22 So	Herbstanfang	
23 Mo	39. Woche	
24 Di		
25 Mi		
26 Do		
27 Fr		
28 Sa		
29 So		
30 Mo	40. Woche	

Oktober

1 Di		
2 Mi		
3 Do	Tag der Deutschen Einheit	
4 Fr	Welttierschutztag	
5 Sa		
6 So	Erntedankfest	
7 Mo	41. Woche	
8 Di		
9 Mi		
10 Do		
11 Fr		
12 Sa		
13 So		
14 Mo	42. Woche	
15 Di		
16 Mi		
17 Do		
18 Fr		
19 Sa		
20 So	Kirchweihfest	
21 Mo	43. Woche	
22 Di		
23 Mi		
24 Do		
25 Fr		
26 Sa	Nationalfeiertag Österreichs	
27 So	Sommerzeitende	
28 Mo	44. Woche	
29 Di		
30 Mi		
31 Do	Reformationsfest Halloween	

November

1	Fr	Allerheiligen	
2	Sa	Allerseelen	
3	So		
4	Mo		45. Woche
5	Di		
6	Mi		
7	Do		
8	Fr		
9	Sa		
10	So		
11	Mo	Martinstag	46. Woche
12	Di		
13	Mi		
14	Do		
15	Fr		
16	Sa		
17	So	Volkstrauertag	
18	Mo		47. Woche
19	Di		
20	Mi	Buß- und Bettag	
21	Do		
22	Fr		
23	Sa		
24	So	Totensonntag	
25	Mo		48. Woche
26	Di		
27	Mi		
28	Do		
29	Fr		
30	Sa		

Dezember

1	So	1. Advent	
2	Mo		49. Woche
3	Di		
4	Mi	Barbaratag	
5	Do		
6	Fr	Nikolaustag	
7	Sa		
8	So	2. Advent Mariä Empfängnis	
9	Mo		50. Woche
10	Di		
11	Mi		
12	Do		
13	Fr		
14	Sa		
15	So	3. Advent	
16	Mo		51. Woche
17	Di		
18	Mi		
19	Do		
20	Fr		
21	Sa	Winteranfang	
22	So	4. Advent	
23	Mo		52. Woche
24	Di	Heiligabend	
25	Mi	1. Weihnachtstag	
26	Do	2. Weihnachtstag	
27	Fr		
28	Sa		
29	So		
30	Mo		1. Woche 2025
31	Di	Silvester	

Notizen

Notizen